第4版

建築職
公務員試験

専門問題と解答 実践問題集編

米田　昌弘

大学教育出版

まえがき

　土木の教員が執筆したにもかかわらず，先に出版した建築職公務員試験の[構造・材料ほか編]と[計画・環境ほか編]は，建築職の公務員を目指す学生からの評判も上々で，執筆者として少し胸をなで下ろしているところです．この2冊がそれなりの好評をいただけたのは，建築職に限定した公務員対策本は，他に出版されていないことも大きな理由の一つかも知れません．

　公務員試験では過去問と全く同じ問題が出題されることはありません．しかしながら，試験で問われる重要箇所に変わりはありませんので，**実際の公務員試験でも過去問と類似した問題が数多く出題されています**．それゆえ，公務員試験に合格するためには，数多くの過去問を解くことが重要だと言えます．

　ところで，平成24年度から，従来の「国家公務員Ⅱ種試験」が「一般職試験」に，「国家公務員Ⅰ種試験」が「総合職試験」に，それぞれリニューアルされたこともあり，読者から「一般職試験や総合職試験で出題された問題を掲載した実践問題集編も出版してほしい」との要望を受けました．

　還暦を迎えてからは老眼がますます進んで字も見にくいし，「そろそろ退職後の準備も始めないといけない」と考え出していた矢先でしたので正直少し悩みました．ただ，「声をかけてもらえるうちが花かな」と思い直し，最後の力をふりしぼって"実践問題集編"を執筆する決心をした次第です．

　本書の執筆にあたっては，[構造・材料ほか編]と[計画・環境ほか編]とまったく同様に，

　①「です」・「ます」調で文章を記述する．

　②それぞれの問題に対しても十分な解説を行う．

を心がけました．当然ですが，本書は，あくまでも[構造・材料ほか編]と[計画・環境ほか編]の補足を目的としたものですので，**[構造・材料ほか編]と[計画・環境ほか編]を学習した後に，本書を活用していただきたいと思います**．

　なお，本書は2017年5月に初版第1刷を発行しましたが，一般職試験と総合職試験で出題された新たな問題も追加して，このたび，第4版として発行することにしました．この[**実践問題集編**]までも学習していただければ，公務員試験に合格する確率がグーンと上がることは間違いありません．途中で諦めないで，目標に向かって日々努力している人には運も味方します．是非とも本書を有効に活用していただき，皆さんの夢を実現していただきたいと願っております．

2023年5月

著　者

建築職公務員試験 専門問題と解答 ［実践問題集編］ ［第 4 版］

目　次

建築職公務員試験 専門問題と解答 ［実践問題集編］ ［第 4 版］

第1章

構造力学

【問題 1.1（不静定次数）】次の架構のうち，静定構造はどれか答えなさい．

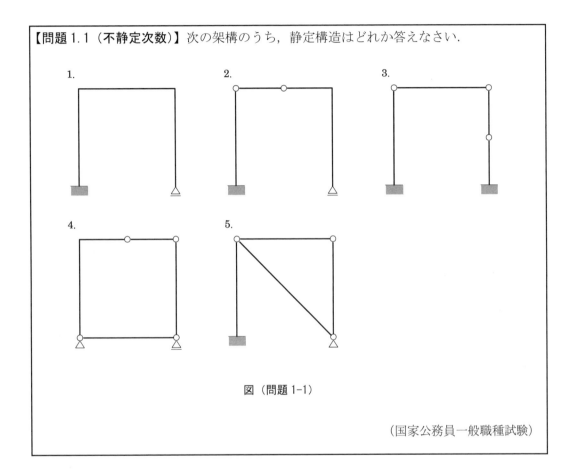

図（問題 1-1）

（国家公務員一般職種試験）

【解答】m_r を剛節接合部材数（各節点に集まる部材のうち，剛接合された部材の数から 1 引いた数），m を部材数，r を反力の総数，j を節点数（支点と自由端も数える）とすれば，**全体の不静定次数** N は，次式で求められます．

$$N = m_r + m + r - 2j$$

それゆえ，1〜5 の架構について全体の不静定次数 N を求めれば，次のようになります．

　1 の架構：$N = m_r + m + r - 2j = (3-1) + 3 + 4 - 2 \times 4 = 1$

　2 の架構：$N = m_r + m + r - 2j = (2-1) + 4 + 4 - 2 \times 5 = -1$

　3 の架構：$N = m_r + m + r - 2j = 0 + 4 + 6 - 2 \times 5 = 0$

　4 の架構：$N = m_r + m + r - 2j = (2-1) + 5 + 3 - 2 \times 5 = -1$

5 の架構：$N = m_r + m + r - 2j = 0 + 4 + 5 - 2 \times 4 = 1$

したがって，求める答え（静定構造）は 3 であることがわかります．

【問題 1.2（力のつり合い）】 図 I のように，剛性 $10\,\text{kN/m}$ の 3 本のばね A，B，C が連結され，水平な状態にある剛体において，図 II のように点 O の鉛直変位を 0.0m，剛体の回転角を 0.1rad とするときに点 O の周りに生じるモーメントの絶対値を求めなさい．また，図 III のように点 O から右側に 2.0m 離れた距離にある点 O′ に鉛直力 3kN が作用するときに生じるばね C の変形 δ_C を求めなさい．ただし，ばねは鉛直方向のみに変形し，自重は無視するものとします．また，図 IV のように剛体上の点 O の鉛直変位を δ，剛体の回転角を θ とするとき，ばね A の変形 δ_A は $\delta - \ell\theta$，ばね B の変形 δ_B は δ，ばね C の変形 δ_C は $\delta + \ell\theta$ で与えられるものとします．

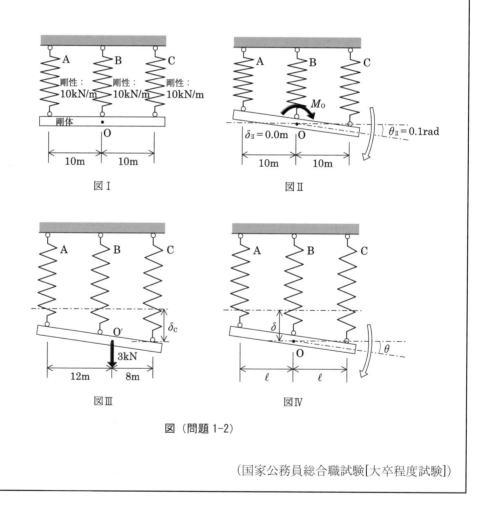

図（問題 1-2）

（国家公務員総合職試験[大卒程度試験]）

【解答】 まず，図 II において，点 O の鉛直変位を 0.0m，剛体の回転角を 0.1rad とするときに点 O の周りに生じるモーメントの絶対値は，ばね A とばね C に作用する力を求めた後に，

モーメントのつり合いを考えれば,

$$|M| = 10 \times (10 \times 0.1) \times 10 + 10 \times (10 \times 0.1) \times 10 = 200 \quad \text{kN·m}$$

　次に, 図Ⅲのように点 O から右側に 2.0m 離れた距離にある点 O′に鉛直力 3kN が作用するときに生じるばね C の変形 δ_C を求めます. 鉛直力 3 kN による鉛直変位は

$$3 = (10 + 10 + 10)\delta \quad \therefore \ \delta = 0.1 \text{m}$$

一方, 3kN×2.0m のモーメントが点 O に作用していると考えれば, $M = k_\theta \theta (= 2k\ell^2\theta)$ の公式に与えられた諸元を代入すると

$$6 = 2 \times (10 \times 10^2)\theta \quad \therefore \ \theta = 0.003 \text{ rad}$$

ゆえに, 3kN×2.0m のモーメントに起因したばね C での鉛直変位は,

$$\ell\theta = 10 \times 0.003 = 0.03 \text{ m}$$

となります. したがって, ばね C の変形 δ_C (求める答え) は,

$$\delta_C = 0.1 + 0.03 = 0.13 \text{ m}$$

となります.

【問題 1.3（反力）】 図（問題 1-3）のように, 上部の部材をヒンジで結合したラーメン構造において, 点 B に水平集中荷重 $5P$, 点 C に鉛直集中荷重 $5P$ が作用しているとき, 点 C に生ずる曲げモーメントの大きさを求めなさい.

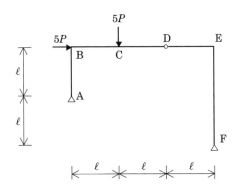

図（問題 1-3）

（国家公務員総合職試験［大卒程度試験］）

【解答】 A 点と F 点には解図（問題 1-3）に示した反力が作用するとします.

　水平方向の力のつり合い：$H_A + H_F + 5P = 0$　　（右向きの力を正）

　鉛直方向の力のつり合い：$V_A + V_F - 5P = 0$　　（上向きの力を正）

A 点回りのモーメントのつり合い：$5P\ell + 5P\ell - H_F \times \ell - V_F \times 3\ell = 0$　　　（時計回りを正）

D 点回り（右側）のモーメントのつり合い：$-2\ell H_F - \ell V_F = 0$　　　　　　（時計回りを正）

これらより，

$$H_A = -3P, \quad V_A = P, \quad H_F = -2P, \quad V_F = 4P$$

したがって，点 C に生ずる曲げモーメントの大きさ M_C は，

$$M_C = 3P\ell + P\ell = 4P\ell$$

となります．

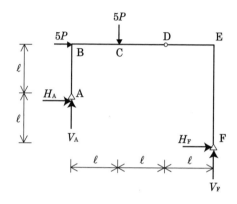

解図（問題 1-3）

【問題 1.4（反力）】図（問題 1-4）のように，上部の部材をヒンジで結合したラーメン構造の点 A に水平集中荷重 P が作用しているとき，点 B に生ずる鉛直反力 V_B と水平反力 H_B の大きさの比（$V_B : H_B$）を求めなさい．

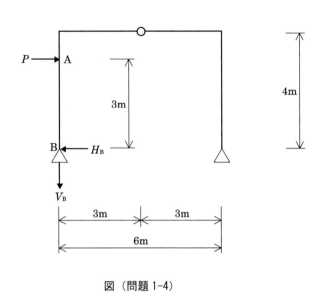

図（問題 1-4）

（国家公務員一般職種試験）

【解答】右端の支点を C とし，点 C には鉛直反力 V_C（点 B と同じく下向き）と水平反力 H_C（点 B と同じく左向き）が作用するとします．

水平方向の力のつり合いから

$$P = H_B + H_C \tag{a}$$

鉛直方向の力のつり合いから

$$V_B + V_C = 0 \tag{b}$$

B 点回りのモーメントのつり合いから

$$3P + 6V_C = 0 \tag{c}$$

ヒンジ点より右側部分のモーメントのつり合いから

$$4H_C + 3V_C = 0 \tag{d}$$

これらの式(a)〜(d)より，$V_B = \dfrac{P}{2}$，$H_B = \dfrac{5P}{8}$ が得られ，求める答えは，

$$V_B : H_B = \frac{P}{2} : \frac{5P}{8} = \frac{4P}{8} : \frac{5P}{8} = 4 : 5$$

となります．

【問題 1.5（反力）】 支点 A，支点 B および支点 D に作用する鉛直方向の反力を求めなさい．ただし，符号は上向きを「＋」，下向きを「－」とし，梁の伸縮はないものとします．

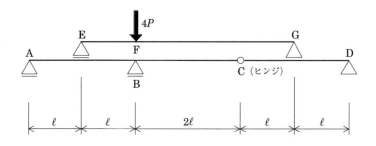

図（問題 1-5）

（国家公務員総合職試験[大卒程度試験]）

【解答】 反力の公式を適用すれば，支点 E と支点 G に作用する鉛直反力 V_E，V_G は，

$$V_E = 4P \times \frac{3\ell}{4\ell} = 3P$$

$$V_G = 4P \times \frac{\ell}{4\ell} = P$$

C 点はヒンジなので，可動支点に置換した解図（問題 1-5）を参照すれば，

$$V_D = \frac{P}{2}$$

時計回りを正として A 点回りのモーメントのつり合いを考えれば，

$$3P \times \ell - V_B \times 2\ell + \frac{P}{2} \times 4\ell = 0 \quad \therefore V_B = \frac{5}{2}P$$

時計回りを正として B 点回りのモーメントのつり合いを考えれば，

$$V_A \times 2\ell - 3P \times \ell + \frac{P}{2} \times 2\ell = 0 \quad \therefore V_A = P$$

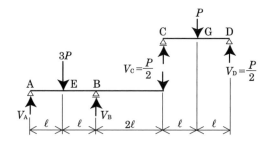

解図（問題 1-5）

したがって，求める答えは，

$$V_A = P, \quad V_B = \frac{5}{2}P, \quad V_D = \frac{P}{2}$$

となります．

【問題 1.6（せん断力図）】 図（問題 1-6）のような荷重または曲げモーメントを受ける単純梁[ア]〜[エ]のうち，全スパンにわたってせん断力がゼロであるもののみを全て挙げなさい．

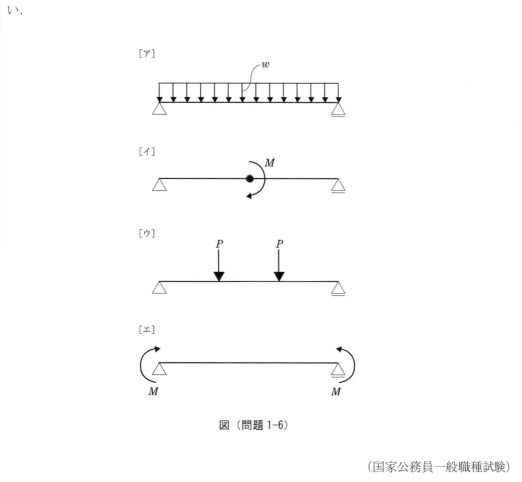

[ア]

[イ]

[ウ]

[エ]

図（問題 1-6）

（国家公務員一般職種試験）

【解答】全スパンにわたってせん断力がゼロであるためには，左右の支点に作用する鉛直反力が 0 でなければなりません．単純梁[ア]，[イ]，[ウ]には鉛直反力が作用しますので，答えは[エ]のみであると推察できますが，念のため，単純梁[エ]において左側のヒンジ支点に作用する鉛直反力をV_A，右側の可動支点に作用する鉛直反力をV_B，支間長をLとして，鉛直反力V_A，V_Bを求めてみることにします．

左側のヒンジ支点回りのモーメントのつり合いから，

$$M - M - V_B \times L = 0 \quad \therefore V_B = 0$$

右側の可動支点回りのモーメントのつり合いから，

$$M - M + V_A \times L = 0 \quad \therefore V_A = 0$$

したがって，全スパンにわたってせん断力がゼロであるものは[エ]だけとなります．

【問題 1.7（曲げモーメント）】 図(問題1-7)のような荷重を受けるラーメン構造において，点 B における曲げモーメント M_B の大きさと，点 C における曲げモーメント M_C の大きさ（絶対値の大きさ）を求めなさい．

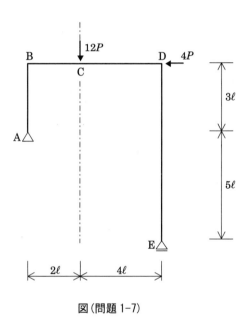

図(問題1-7)

（国家公務員一般職種試験）

【解答】 解図（問題1-7）に示したように反力が作用するとすれば，

$$H_A = 4P$$

A点回りのモーメントのつり合いを考えれば，

$$12P \times 2\ell - 4P \times 3\ell - V_E \times 6\ell = 0 \quad \therefore V_E = 2P$$

また，

$$V_A + V_E = 12P$$

なので，

$$V_A = 10P$$

したがって，点 B における曲げモーメント M_B の大きさ（絶対値の大きさ）は，

$$M_B = H_A \times 3\ell = 12P\ell$$

点 C における曲げモーメント M_C の大きさ（絶対値の大きさ）は，

$$M_C = V_A \times 2\ell - H_A \times 3\ell = 20P\ell - 12P\ell = 8P\ell$$

となります．

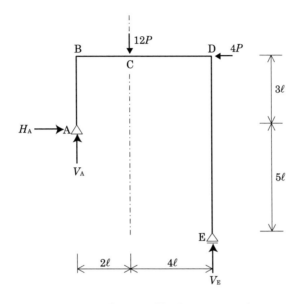

解図（問題 1-7）

【**問題** 1.8（**曲げモーメント図**）】図（問題1-8）のような集中荷重 P が作用する3ヒンジラーメン構造の曲げモーメント図を定性的に表したものとして最も妥当なものを解答群から選びなさい．ただし，曲げモーメントは部材の引張側に描くものとします．

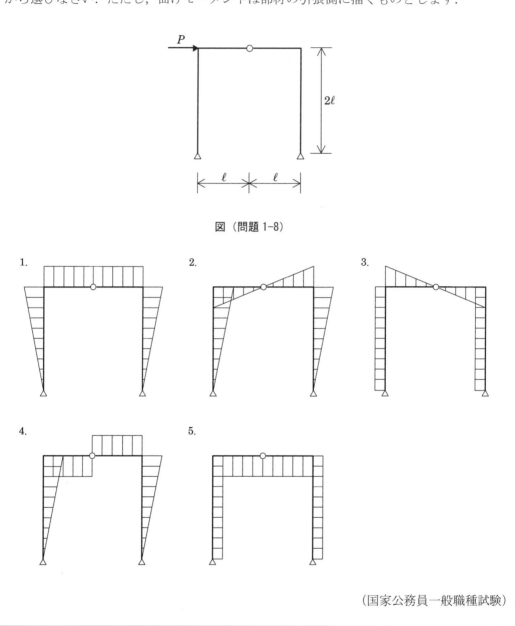

図（問題1-8）

（国家公務員一般職種試験）

【**解答**】ヒンジでは曲げモーメントは0ですので，答えは2，3，4のいずれかです．3ヒンジラーメン構造の変形を考えれば，反力は解図（問題1-8）（図中の破線は引張側）の方向に作用するはずです．

左柱の x 点における曲げモーメント M_x は，

$$M_x = Hx$$

梁の左端から x だけ離れた位置における曲げモーメント M_x は,

$$M_x = H\ell - Vx$$

それゆえ, 答えは 2 であることがわかると思います.

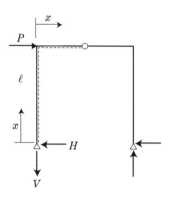

解図 (問題 1-8)

【問題 1.9（曲げモーメント）】図（問題 1-9）は片持梁に荷重 P, Q が加わったときの曲げモーメント図です. この場合の P, Q の値の組合せとして最も妥当なものを解答群から選びなさい. ただし, 部材の自重は無視します.

	P	Q
1.	1 kN	2 kN
2.	2 kN	1 kN
3.	2 kN	4 kN
4.	3 kN	3 kN
5.	4 kN	2 kN

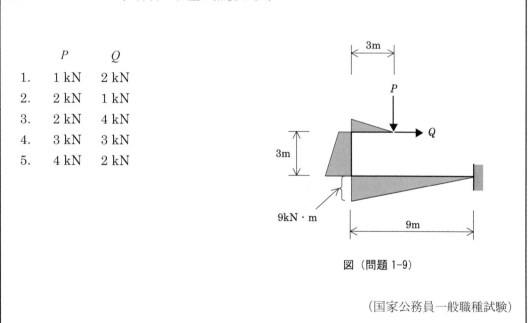

図 (問題 1-9)

（国家公務員一般職種試験）

【解答】解図（問題 1-9）において破線を記した側を梁の下側（引張側）と定義し, 2 箇所で切断して梁の下側が引っ張られる方向に曲げモーメントを作用させます. 曲げモーメント

12

のつり合い（時計回りを正）から，

$$9 = 3P + 3Q \quad （左側の解図）$$
$$0 = 3Q - 6P \quad （右側の解図）$$

が成り立ち，$P = 1\,\text{kN}$，$Q = 2\,\text{kN}$ となります．したがって，求める答えは 1 となります．

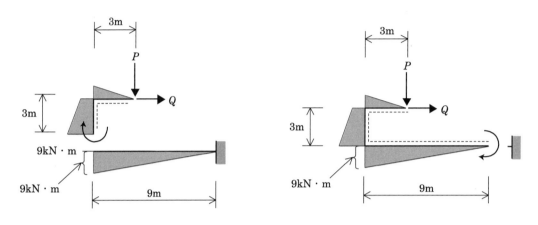

解図（問題 1-9）

【**問題 1.10（応力）**】図（問題 1-10）のように，A 点を自由端とし，D 点を固定端とした骨組みの A〜B 間に水平等分布荷重が作用したとき，[ア]〜[エ]の絶対値について正誤を答えなさい．ただし，部材は全て同一材料，同一断面であり，剛接合されているほか，E 点は C 点と D 点の中点とします．

[ア] B 点の曲げモーメント：$8\,\text{kN}\cdot\text{m}$
[イ] E 点の曲げモーメント：$8\,\text{kN}\cdot\text{m}$
[ウ] 部材 AB の B 端におけるせん断力：$8\,\text{kN}$
[エ] 部材 CD の C 端におけるせん断力：$0\,\text{kN}$

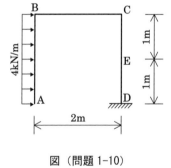

図（問題 1-10）

（国家公務員総合職試験[大卒程度試験]）

【**解答**】A 点は自由端ですので，自由端側から部材を切断して力のつり合いを考えれば，応力を求めることができます（D 点の固定端に作用する反力を求める必要はありません）．

[ア] B 点の曲げモーメント（解図 1 を参照）

$$M_B = -8 \times 1 = -8\,\mathrm{kN \cdot m} \quad \therefore |M_B| = 8\,\mathrm{kN \cdot m}$$

したがって，［ア］は正.

［ウ］部材 AB の B 端におけるせん断力（解図 1 を参照）

$$Q_B = -8\,\mathrm{kN}$$

$$\therefore |Q_B| = 8\,\mathrm{kN}$$

したがって，［ウ］は正.

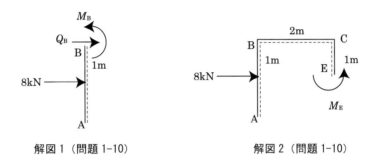

解図 1（問題 1-10）　　　　解図 2（問題 1-10）

［イ］E 点の曲げモーメント（解図 2 を参照）

$$M_E = 8 \times 0 = 0\,\mathrm{kN \cdot m} \quad \therefore |M_E| = 8 \times 0 = 0\,\mathrm{kN \cdot m}$$

したがって，［イ］は誤.

［エ］部材 CD の C 端におけるせん断力（解図 3 を参照）

$$Q_C = 8\,\mathrm{kN} \quad \therefore |Q_C| = 8\,\mathrm{kN}$$

したがって，［エ］は誤.

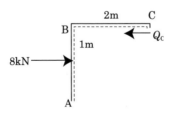

解図 3（問題 1-10）

【問題 1.11（トラスの軸方向力）】図（問題 1-11）のような荷重を受けるトラスにおいて，部材 A に生じる軸方向力を求めなさい．ただし，軸方向力は，引張力を「＋」，圧縮力を「－」としなさい．

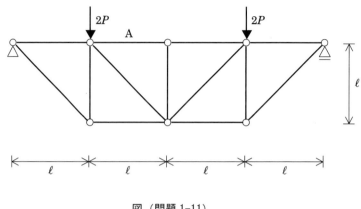

図（問題 1-11）

（国家公務員一般職種試験）

【解答】切断法を適用します．解図（問題 1-11）に示したように 3 本の部材を切断した後，左側部分を取り出して力のつり合いを考えることにします（右側部分を取り出して考えても解くことができます）．

左側のヒンジ支点における鉛直反力 V は，反力の公式を利用して

$$V = 2P \times \frac{3\ell}{4\ell} + 2P \times \frac{\ell}{4\ell} = 2P \quad （構造と荷重の対称性から V=2P としてもよい）$$

解図（問題 1-11）を参照して，a 点回りのモーメントのつり合いを考えれば，

$$V \times 2\ell - 2P \times \ell + A \times \ell = 0 \quad \therefore A = -2P$$

となります．

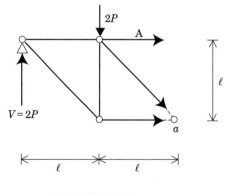

解図（問題 1-11）

【問題 1.12（トラスの軸方向力）】図（問題 1-12）のような静定トラスにおいて，節点 B，C，H，I にそれぞれ鉛直下向きの集中荷重 $2P$，鉛直下向きの集中荷重 nP，鉛直上向きの集中荷重 mP，鉛直上向きの集中荷重 $2P$ が作用しています（m，n は実数）．弦材 BC に生ずる軸方向力が「$+5P$」とわかっているとき，支点 F に生ずる鉛直方向反力 R_f の大きさを求めなさい．ただし，軸方向力は，引張力を「$+$」，圧縮力を「$-$」とします．また，各弦材の自重は無視するものとし，縦方向弦材は鉛直，横方向弦材は水平とします．

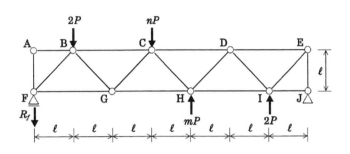

図（問題 1-12）

（国家公務員総合職試験[大卒程度試験]）

【解答】解図（問題 1-12）に示したように破線で切断した後，左側のトラスについて G 点回りのモーメントのつり合いを考えれば，

$$-R_f \times 2\ell - 2P \times \ell + 5P \times \ell = 0 \quad \therefore R_f = \frac{3}{2}P$$

となります．反力を求めなくても，簡単に答えが求まりました．

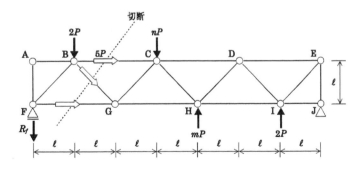

解図（問題 1-12）

【**問題 1.13（トラスの軸方向力）**】図（問題 1-13）のような水平力を受ける静定トラスにおいて，部材 A に生ずる軸方向力を求めなさい．ただし，軸方向力は，引張力を「＋」，圧縮力を「－」とします．

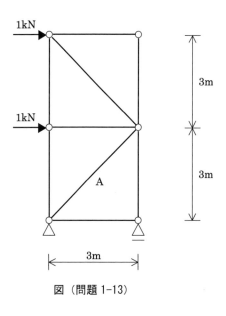

図（問題 1-13）

（国家公務員一般職種試験）

【**解答**】解図（問題 1-13）に示すように部材を切断した後，破線で囲んだ部分について水平方向の力のつり合いを考えれば，

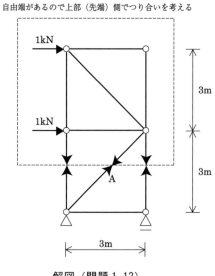

解図（問題 1-13）

$$A\cos 45° = \frac{A}{\sqrt{2}} = 1+1 \quad \therefore A = +2\sqrt{2}\ \text{kN}$$

となります.

【問題 1.14（トラスの部材力）】 図（問題 1-14）のような鉛直集中荷重を受ける静定トラスにおいて，部材 A，B，C に生じる軸方向力を求めなさい．ただし，軸方向力は，引張力を「＋」，圧縮力を「－」とします.

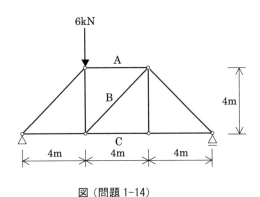

6kN

A

B

4m

4m　4m　4m

C

図（問題 1-14）

（国家公務員一般職種試験）

【解答】切断法を適用します．3 本の部材 A，B，C を切断した後，右側部分を取り出して力のつり合いを考えることにします（左側部分を取り出して考えてもよいのですが，集中荷重 6kN が作用しているので，計算が少し面倒になります）．右側の可動支点における鉛直反力 V は，反力の公式を適用して，

$$V = 6 \times \frac{4}{12} = 2\ \text{kN}$$

解図（問題 1-14）を参照して，a 点回りのモーメントのつり合いを考えれば，

$$4C - 2 \times 4 = 0 \quad \therefore C = 2\ \text{kN}$$

b 点回りのモーメントのつり合いを考えれば，

$$-4A - 2 \times 8 = 0 \quad \therefore A = -4\ \text{kN}$$

鉛直方向の力のつり合いから

$$-B\sin 45° + 2 = 0 \quad \therefore B = 2\sqrt{2}\ \text{kN}$$

となります.

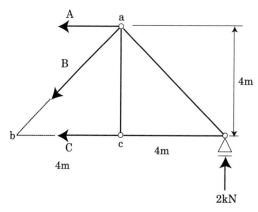

解図（問題 1-14）

【問題 1.15（トラスの軸方向力）】図（問題 1-15）のような荷重を受けるトラスにおいて，部材 A に生ずる軸方向力 N_A と，部材 B に生ずる軸方向力 N_B を求めなさい．ただし，軸方向力は「＋」を引張力，「－」を圧縮力とします．

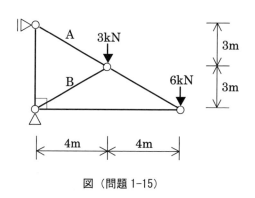

図（問題 1-15）

（国家公務員一般職種試験）

【解答】解図 1（問題 1-15）に示したように反力が作用するとすれば

$$H_A + H_B = 0 \tag{a}$$
$$V_B = 9\,\text{kN}$$

B 点回りのモーメントのつり合いを考えれば，

$$6 \times H_A + 3 \times 4 + 6 \times 8 = 0 \quad \therefore H_A = -10\,\text{kN}$$

式(a)に代入すれば，

$$H_B = 10\,\text{kN}$$

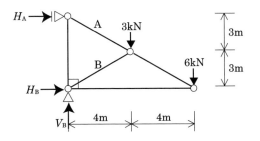

解図 1（問題 1-15）

解図 2（問題 1-15）を参照して力のつり合いを考えれば,

$$N_A \sin\theta - 10 = 0 \quad \therefore N_A = \frac{10}{\sin\theta} = \frac{10}{4/5} = 12.5\,\mathrm{kN}$$

$$N_A \cos\theta + X = 0 \quad \therefore X = -N_A \cos\theta = -12.5 \times \frac{3}{5} = -7.5\,\mathrm{kN}$$

$$N_B \cos\theta + X + 9 = 0 \quad \therefore N_B = -\frac{1.5}{\cos\theta} = -\frac{1.5}{3/5} = -2.5\,\mathrm{kN}$$

したがって, 求める答えは,

$$N_A = 12.5\,\mathrm{kN}, \quad N_B = -2.5\,\mathrm{kN}$$

となります.

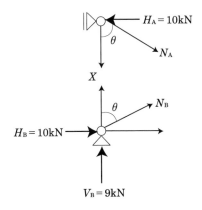

解図 2（問題 1-15）

【問題 1.16（トラスの軸力）】図Ⅰのような鉛直壁面に支持されるトラスがあります．図Ⅱのように，支点のピンとローラーを入れ替えた場合，軸力が変化する部材の本数を解答群から選びなさい．

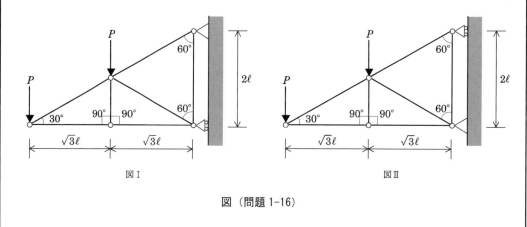

図（問題 1-16）

1. 0 本
2. 1 本
3. 2 本
4. 3 本
5. 4 本

（国家公務員総合職試験[大卒程度試験]）

【解答】解図（問題 1-16）に示したように，1-1 で切断して左側の部材を比較すれば，部材 A，B，C，D，E，F の軸力はすべて等しいことがわかります．一方，2-2 で切断して支点反力を含む力のつり合いを考えれば，部材 G の軸力が両者で異なることがわかります．したがって，正解は 2 となります．

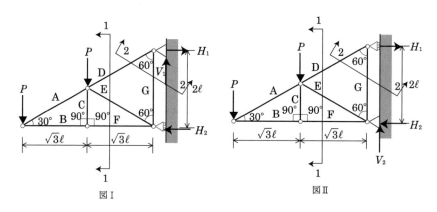

解図（問題 1-16）

【**問題 1.17（断面 2 次モーメント）**】図（問題 1-17）のような断面の X 軸に関する断面 2 次モーメントを求めなさい.

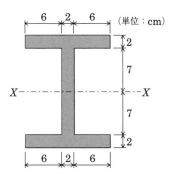

6　2　6　（単位：cm）

図（問題 1-17）

（国家公務員総合職試験[大卒程度試験]）

【**解答**】ケアレスミスに注意して計算すれば,

$$I_X = \frac{14 \times 18^3}{12} - \frac{6 \times 14^3}{12} \times 2 = 4060 \ [\text{cm}^4]$$

となります.

【問題 1.18（断面 2 次モーメント）】断面積がいずれも 100 である以下の 4 つの断面の，X 軸に関する断面 2 次モーメントの大小関係を求めなさい．ただし，X 軸は各断面の重心を通る中立軸です．

図（問題 1-18）

（国家公務員一般職種試験）

【解答】断面積がいずれも 100 で等しいことから，X 軸に関する断面 2 次モーメントの大小関係は

$$A < B < C = D$$

であることはすぐにわかると思いますが，念のため，各断面の断面 2 次モーメントを計算すれば以下のようになります．

A : $I_X = \dfrac{10 \times 10^3}{12} = \dfrac{10,000}{12}$

B : $I_X = \dfrac{5 \times 20^3}{12} = \dfrac{40,000}{12}$

C : $I_X = \dfrac{8 \times 20^3}{12} - 2 \times \dfrac{3 \times 10^3}{12} = \dfrac{58,000}{12}$

D : $I_X = \dfrac{8 \times 20^3}{12} - \dfrac{6 \times 10^3}{12} = \dfrac{58,000}{12}$

【問題 1.19（ひずみ）[やや難]】 図(問題 1-19)のような鋼板の両端を 10kN で均一に引っ張るとき，引張方向とその直交方向の伸びを求めなさい．ただし，鋼板のヤング係数 E は $2.0 \times 10^5 \, \text{N/mm}^2$，ポアソン比 υ は 0.3 とし，正は伸びを，負は縮みを表すものとします．

図(問題 1-19)

（国家公務員総合職試験[大卒程度試験]）

【解答】 引張方向に $\sigma = E\varepsilon$ の関係式を適用すれば，

$$\frac{10 \times 10^3}{100 \times 5} = 2.0 \times 10^5 \varepsilon \quad \therefore \ \varepsilon = 1 \times 10^{-4}$$

したがって，引張方向の伸びは，

$$\varepsilon = 1 \times 10^{-4} = \frac{\Delta \ell}{1,000}$$

より，

$$\Delta \ell = 0.1 \, [\text{mm}]$$

となります．

一方，横方向のひずみを縦方向のひずみで除した値（＝横方向のひずみ／縦方向のひずみ）が**ポアソン比**ですので，直交方向のひずみは $-\upsilon\varepsilon$ （負号は縮むことを表す）と表され，

$$-\upsilon\varepsilon = -0.3 \times 1 \times 10^{-4} = -0.3 \times 10^{-4}$$

したがって，直交方向の伸び Δb は，

$$-0.3 \times 10^{-4} = \frac{\Delta b}{100}$$

より，

$$\Delta b = -0.003 \, [\text{mm}]$$

となります．

【問題 1.20（曲げ応力度）】図 I のように，中央に鉛直集中荷重 P を受ける単純梁に図 II のような断面の部材を用いた場合において，P が 30kN のとき，部材の一部が許容曲げモーメントに達しました．単純梁の長さ L [m] を求めなさい．ただし，部材の許容曲げ応力度は 1kN/cm² とし，自重は無視するものとします．なお，許容曲げモーメント M は，許容曲げ応力度を f，断面係数を Z とすると，M = f・Z で与えられます．

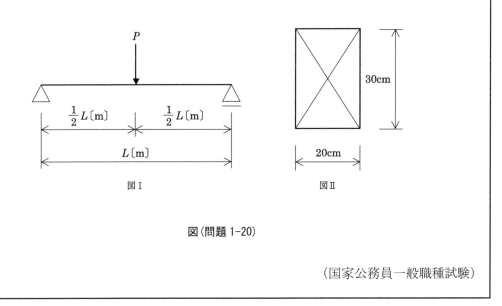

図 I

図 II

図（問題 1-20）

（国家公務員一般職種試験）

【解答】問題文には公式が与えられていますが，必ずしもこの公式を使う必要はありません．皆さんが覚えている公式を使って解きやすいように解いて下さい．

最大曲げモーメント M_{max} は荷重載荷点で生じ，その大きさは

$$M_{max} = \frac{P}{2} \times \frac{L}{2} = \frac{30L}{4} \quad （ここでは，L の次元は cm と考える）$$

曲げ応力度 σ を求める公式を適用すれば，

$$\sigma = \frac{M}{I} y = \frac{30L/4}{20 \times 30^3/12} \times 15 = 1\,\text{kN/cm}^2$$

したがって，求める答えは，

$$L = 400\,\text{cm} = 4\,\text{m}$$

となります．

【問題 1.21（曲げ応力度）】図 I のような鉛直集中荷重を受ける単純梁に，図 II のような断面をもつ部材 A，B をそれぞれ用いる場合，部材 A，B それぞれの許容曲げモーメントの大きさが等しくなるような部材 B の幅 x〔mm〕の値を求めなさい．ただし，部材 A，B は同じ材質とし，自重は無視するものとします．

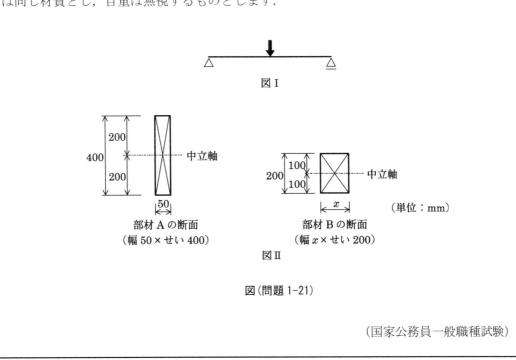

図(問題 1-21)

（国家公務員一般職種試験）

【解答】曲げ応力度を求める公式

$$\sigma = \frac{M}{I} y$$

を適用する問題です．cm 単位で計算すれば，題意より

$$\frac{M}{\dfrac{5 \times 40^3}{12}} \times 20 = \frac{M}{\dfrac{x \times 20^3}{12}} \times 10$$

したがって，求める答えは，

$$x = 20\,\text{cm} = 200\,\text{mm}$$

となります．

【問題 1.22（曲げ応力度）】 図(問題 1-22)のように，同じ断面積をもつ単純梁に荷重が作用し，同じ大きさの最大曲げモーメント M が生じています．このとき，各断面に生じる最大曲げ応力度の大きさの大小関係を答えなさい．ただし，X 軸は各断面の重心を通る中立軸です．

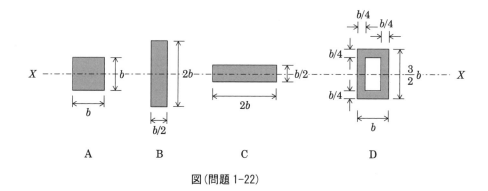

図(問題 1-22)

（国家公務員総合職試験[大卒程度試験]）

【解答】 まず，各断面の重心を通る中立軸に関する断面 2 次モーメントを求めると

A： $I_A = \dfrac{b \times b^3}{12} = \dfrac{b^4}{12}$

B： $I_B = \dfrac{b/2 \times (2b)^3}{12} = \dfrac{4b^4}{12}$

C： $I_C = \dfrac{2b \times (b/2)^3}{12} = \dfrac{b^4/4}{12}$

D： $I_D = \dfrac{b \times (3b/2)^3}{12} - \dfrac{b/2 \times b^3}{12} = \dfrac{23b^4/8}{12}$

それゆえ，各断面に生じる最大曲げ応力度は，

A： $\sigma_A = \dfrac{M}{I_A} \times \dfrac{b}{2} = \dfrac{12}{b^4} \times \dfrac{b}{2} M = \dfrac{6}{b^3} M$

B： $\sigma_B = \dfrac{M}{I_B} \times b = \dfrac{12}{4b^4} \times b \times M = \dfrac{3}{b^3} M$

C： $\sigma_C = \dfrac{M}{I_C} \times \dfrac{b}{4} = \dfrac{12}{b^4/4} \times \dfrac{b}{4} M = \dfrac{12}{b^3} M$

D： $\sigma_D = \dfrac{M}{I_D} \times \dfrac{3b}{4} = \dfrac{12}{23b^4/8} \times \dfrac{3b}{4} M = \dfrac{72}{23b^3} M \fallingdotseq \dfrac{3.13}{b^3} M$

したがって，求める答えは，

$$C > A > D > B$$

となります．

【**問題 1.23（応力度）**】図(問題 1-23)のように，上下を剛体に固定された材料 A と材料 B からなる，長さ ℓ=300mm の部材があります．断面積およびヤング係数はそれぞれ，材料 A に関して $A_A = 50{,}000$mm^2，$E_A = 20$kN/m^2，材料 B に関して $A_B = 5{,}000$mm^2，$E_B = 200$kN/mm^2 であるとします．この部材に圧縮軸力 $P = 200$kN を加えたとき，[ア]〜[エ]の値のうち妥当なもののみを挙げているものを選びなさい．ただし，部材の応力度はヤング係数とひずみ度の積で表すことができるほか，材料 A と材料 B は完全に一体化しているものとし，それぞれのひずみ度は弾性範囲であり，座屈は生じないものとします．

[ア] 材料 A の圧縮応力度：20N/mm^2

[イ] 材料 B の圧縮力：100kN

[ウ] 部材の圧縮ひずみ度：1×10^{-4}

[エ] 部材の圧縮変位量：0.06mm

1. [ア]，[イ]
2. [ア]，[ウ]
3. [イ]，[ウ]
4. [イ]，[エ]
5. [ウ]，[エ]

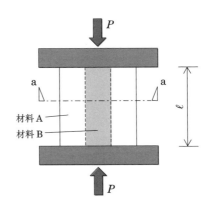

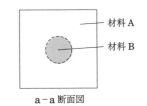

a−a 断面図

図(問題 1-23)

（国家公務員総合職試験[大卒程度試験]）

【**解答**】材料 A と材料 B に作用する力を P_A，P_B とすれば，

$$P = P_A + P_B \tag{a}$$

材料 A と材料 B の圧縮応力度を σ_A，σ_B，ひずみ度を ε とすれば，

$$\sigma_A = \frac{P_A}{A_A} = E_A \varepsilon \tag{b}$$

$$\sigma_B = \frac{P_B}{A_B} = E_B \varepsilon \tag{c}$$

式(a)に式(b)と式(c)を代入すれば，

$$P = E_A A_A \varepsilon + E_B A_B \varepsilon = (E_A A_A + E_B A_B)\varepsilon$$

$$\therefore \varepsilon = \frac{P}{E_A A_A + E_B A_B} \tag{d}$$

[ア] 材料 A の圧縮応力度

$$\sigma_A = \frac{P_A}{A_A} = E_A \varepsilon = E_A \frac{P}{E_A A_A + E_B A_B} = 20 \times 10^3 \times \frac{200 \times 10^3}{20 \times 10^3 \times 50,000 + 200 \times 10^3 \times 5,000} = 4\ \text{N/mm}^2$$

したがって，[ア]は誤．

[イ] 材料 B の圧縮力

$$P_B = E_B A_B \varepsilon = 200 \times 10^3 \times 5,000 \times \frac{200 \times 10^3}{20 \times 10^3 \times 50,000 + 200 \times 10^3 \times 5,000} = 100 \times 10^3\ \text{N} = 100\ \text{kN}$$

したがって，[イ]は正．

[ウ] 部材の圧縮ひずみ度

$$\varepsilon = \frac{P}{E_A A_A + E_B A_B} = \frac{200 \times 10^3}{20 \times 10^3 \times 50,000 + 200 \times 10^3 \times 5,000} = 1.0 \times 10^{-4}$$

したがって，[ウ]は正．

[エ] 部材の圧縮変位量

$$\varepsilon = \frac{\Delta \ell}{\ell} = 1.0 \times 10^{-4} \quad \therefore \Delta \ell = \ell \varepsilon = 300 \times 1.0 \times 10^{-4} = 0.03\ \text{mm}$$

したがって，[エ]は誤．

以上より，正解は 3 となります．

【**問題 1.24（たわみ）**】図(問題 1-24)のような断面をもつ片持梁 A, B の先端に鉛直集中荷重 P をそれぞれ作用させたところ，梁 A, B の先端部のたわみが同じになりました．このときの梁 A, B の梁せい h_A, h_B の比を求めなさい．ただし，梁 A, B の材質は同じで，自重は考慮しないものとします．

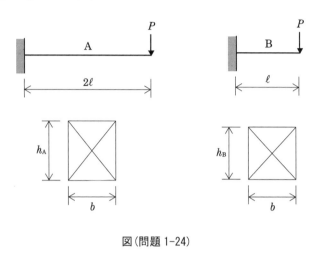

図(問題 1-24)

（国家公務員一般職種試験）

【**解答**】ヤング係数を E として，**たわみを求める公式**を利用すれば，

$$\frac{P \times (2\ell)^3}{3E \times \dfrac{bh_A{}^3}{12}} = \frac{P \times \ell^3}{3E \times \dfrac{bh_B{}^3}{12}} \quad \therefore \frac{(2)^3}{h_A{}^3} = \frac{1}{h_B{}^3}$$

したがって，

$$h_A{}^3 = (2h_B)^3$$

となり，求める答えは，

$$h_A : h_B = 2 : 1$$

となります．

【問題 1.25（梁のたわみ）】 図(問題 1-25)のように，弾性係数が E，断面 2 次モーメントが $2I$，長さが 2ℓ の単純支持梁 A と弾性係数が E，断面 2 次モーメントが I，長さが ℓ の単純支持梁 B がそれぞれの中央で一体となっています．この中央に集中鉛直荷重 P を加えたとき，梁 A と梁 B の鉛直反力 R_A と R_B を求めなさい．ただし，両梁とも自重は無視するものとします．なお，弾性係数が E，断面 2 次モーメントが I，長さ ℓ の単純梁の中央に集中鉛直荷重 P を加えたときの中央部の鉛直たわみ δ は，$\delta = P\ell^3 / 48EI$ で与えられます．

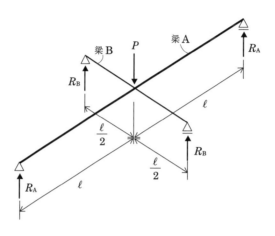

図(問題 1-25)

（国家公務員総合職試験[大卒程度試験]）

【解答】鉛直反力が V_A，V_B ではなく，R_A，R_B のように与えられても戸惑ってはいけません．単純梁 B が上側にあるとし，梁 B が受け持つ力を X，梁 A が受け持つ力を $P-X$ とすれば，集中鉛直荷重が作用する中央部でのたわみは等しいことから，

$$\frac{X\ell^3}{48EI} = \frac{(P-X)(2\ell)^3}{48E \times 2I}$$

よって，

$$X = \frac{4P}{5}$$

したがって，梁 A と梁 B の鉛直反力 R_A と R_B は，

$$R_A = \frac{P-X}{2} = \frac{P/5}{2} = 0.1P$$

$$R_B = \frac{X}{2} = \frac{4P}{5} \times \frac{1}{2} = 0.4P$$

となります．

【問題 1.26（梁のたわみ）[やや難]】図Ⅰのように，曲げ剛性 EI が一様な A と B の 2 種類の単純梁 4 本からなる構造体があります．4 つの交点に鉛直集中荷重 P を加えたときの鉛直反力 R_A，R_B を求めなさい．ただし，梁の自重およびねじれ抵抗は無視するものとします．なお，図Ⅱのように，剛性 EI が一様で，長さが L_0 の単純梁の 2 箇所に鉛直集中荷重 P_0 を加えたとき，荷重点における鉛直たわみ δ は，$\delta = \dfrac{\alpha^2(3-4\alpha)}{6EI} P_0 L_0^{\ 3}$ で与えられます．

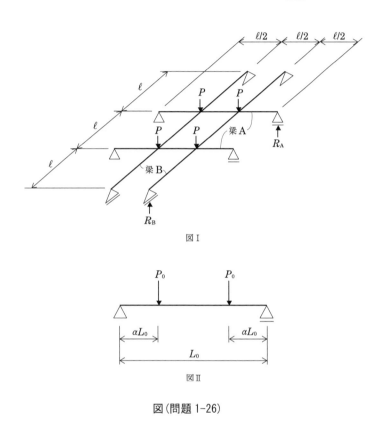

図Ⅰ

図Ⅱ

図（問題 1-26）

（国家公務員総合職試験[大卒程度試験]）

【解答】与えられた公式を利用します．梁 A が上にあり，荷重作用点において X の力が梁 B に作用すると考えれば，

$$\frac{\left(\dfrac{1}{3}\right)^2\left(3-4\times\dfrac{1}{3}\right)}{6EI}(P-X)\left(\frac{3\ell}{2}\right)^3 = \frac{\left(\dfrac{1}{3}\right)^2\left(3-4\times\dfrac{1}{3}\right)}{6EI}X\times(3\ell)^3$$

の関係式が成立し，$X = P/9$ が得られます．したがって，

$$4R_B = 4\times\frac{P}{9}$$

から $R_B = P/9$ となります．また，

$$4 \times \left(P - \frac{P}{9} \right) = 4 \times R_A$$

から，$R_A = \dfrac{8}{9}P$ となります．

【問題 1.27（たわみ）】図(問題 1-27)のような固定端 A から中央部の点 B までの曲げ剛性が $2EI$，点 B から自由端 C までの曲げ剛性が EI である長さ $2L$ の片持梁において，自由端 C に鉛直荷重 P が作用するときの点 B のたわみ角 θ_B と，自由端 C での鉛直たわみ δ_C の組合せとして妥当なものを解答群から選びなさい．ただし，梁の自重は無視するものとします．なお，曲げ剛性 EI で長さ ℓ の片持梁の自由端に鉛直荷重 P または曲げモーメント M が作用するときの自由端でのたわみ角および鉛直たわみは，それぞれ，表(問題 1-27)に示す通りです．

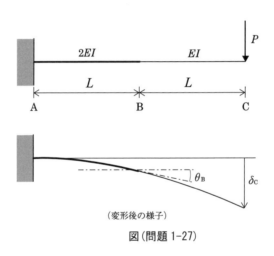

（変形後の様子）

図(問題 1-27)

表(問題 1-27)

	θ_B	δ_C
1.	$\dfrac{PL^2}{2EI}$	$\dfrac{7PL^3}{12EI}$
2.	$\dfrac{PL^2}{2EI}$	$\dfrac{13PL^3}{12EI}$
3.	$\dfrac{3PL^2}{4EI}$	$\dfrac{3PL^3}{4EI}$
4.	$\dfrac{3PL^2}{4EI}$	$\dfrac{5PL^3}{4EI}$
5.	$\dfrac{3PL^2}{4EI}$	$\dfrac{3PL^3}{2EI}$

	自由端のたわみ角	自由端の鉛直たわみ
EI ↓P ℓ	$\dfrac{P\ell^2}{2EI}$	$\dfrac{P\ell^3}{3EI}$
EI ↻M ℓ	$\dfrac{M\ell}{EI}$	$\dfrac{M\ell^2}{2EI}$

（国家公務員総合職試験[大卒程度試験]）

【解答】公式は与えられていますが，与えられた片持梁の曲げ剛性が途中で変化していますので，公式を適用しようとすると少し戸惑ってしまうと思います．こういう場合は，惑わず**モールの定理（弾性荷重法）**を適用して解くことにしましょう．

解図(問題1-27)を参照して，B' 点のせん断力 $Q_{B'}$ と C' 点の曲げモーメント $M_{C'}$ を求めれば，

$$Q_{B'}(=\theta_B)=\frac{PL}{2EI}\times L+\frac{PL}{2EI}\times L\times\frac{1}{2}=\frac{3PL^2}{4EI}$$

$$M_{C'}(=\delta_C)=\frac{PL}{2EI}\times L\times\left(L+\frac{L}{2}\right)+\frac{PL}{2EI}\times L\times\frac{1}{2}\times\left(L+\frac{2L}{3}\right)+\frac{PL}{EI}\times L\times\frac{1}{2}\times\frac{2L}{3}=\frac{3PL^3}{2EI}$$

となります．したがって，求める答えは 5 となります．

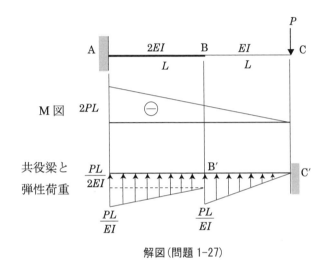

解図(問題1-27)

参考までに，与えられた公式を利用すれば，以下のようにして答えが求まります．

まず，たわみ角 θ_B は，曲げ剛性が $2EI$ で長さが L の片持梁の先端に，集中荷重 P と曲げモーメント $M=PL$ が作用した場合の値として求められるので，

$$\theta_B=\frac{PL^2}{2E\times 2I}+\frac{PL\times L}{E\times 2I}=\frac{3PL^2}{4EI}\quad(\text{答えは 3 か 4 か 5 のいずれか})$$

次に，自由端 C での鉛直たわみ δ_C を求めます．δ_C には，「曲げ剛性が $2EI$ で長さが $2L$ の片持梁の先端に集中荷重 P が作用した場合 $<\delta_C<$ 曲げ剛性が EI で長さが $2L$ の片持梁の先端に集中荷重 P が作用した場合」の関係が成立するはずですので，

曲げ剛性が $2EI$ で長さが $2L$ の片持梁の先端に集中荷重 P が作用した場合：

$$\frac{P(2L)^3}{3E\times 2I}=\frac{8PL^3}{6EI}$$

曲げ剛性が EI で長さが $2L$ の片持梁の先端に集中荷重 P が作用した場合：

$$\frac{P(2L)^3}{3E\times I}=\frac{8PL^3}{3EI}$$

条件を満足するのは，5 の $\frac{3PL^3}{2EI}$ だけですので，答えは 5 となります．

【問題1.28（梁のたわみ）】 図(問題1-28)のようなヤング係数E，断面2次モーメントIの不静定梁に生じる，最大曲げモーメントMと最大せん断力Qの組合せとしても最も妥当なものを解答群から選びなさい．なお，ヤング係数がE_0，断面2次モーメントがI_0，長さLの片持梁の先端に集中鉛直荷重P_0を加えたときの荷重点の鉛直たわみδは$\delta = \dfrac{P_0 L^3}{3 E_0 I_0}$，たわみ角$\theta$は$\theta = \dfrac{P_0 L^2}{2 E_0 I_0}$で与えられます．また，部材の自重は無視します．

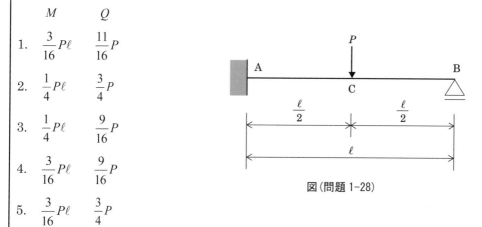

$$
\begin{array}{ccc}
 & M & Q \\
1. & \dfrac{3}{16}P\ell & \dfrac{11}{16}P \\[2mm]
2. & \dfrac{1}{4}P\ell & \dfrac{3}{4}P \\[2mm]
3. & \dfrac{1}{4}P\ell & \dfrac{9}{16}P \\[2mm]
4. & \dfrac{3}{16}P\ell & \dfrac{9}{16}P \\[2mm]
5. & \dfrac{3}{16}P\ell & \dfrac{3}{4}P
\end{array}
$$

図(問題1-28)

（国家公務員総合職試験[大卒程度試験]）

【解答】 外的不静定構造物ですので，支点 B に作用する鉛直反力をV_Bとし，はじめに，この鉛直反力V_Bを求めることにします．鉛直（支点）反力V_Bは，支点 B を取り去った片持梁を考え，

荷重Pによる B 点での変位＝荷重（鉛直反力）V_Bによる B 点での変位

から求めることができます．

荷重Pによる B 点での変位は，モールの定理(弾性荷重法)を適用すれば求められますが，問題文に示された公式を用いれば，解図(問題1-28)からわかるように，荷重Pによる B 点での変位δ_Bは

$$
\delta_B = \frac{P(\ell/2)^3}{3EI} + \frac{P(\ell/2)^2}{2EI} \times \frac{\ell}{2} = \frac{5P\ell^3}{48EI}
$$

のようにもっと簡単に求めることができます．一方，荷重V_Bによる B 点での変位は，公式から

$$
\delta_B = \frac{V_B \ell^3}{3EI}
$$

となりますので，

$$\frac{5P\ell^3}{48EI} = \frac{V_B \ell^3}{3EI}$$

より，$V_B = \dfrac{5}{16}P$ となります．

　したがって，最大曲げモーメント $M_{\max}$（固定端 A のすぐ右における曲げモーメント）は，

$$M_{\max} = -P \times \frac{\ell}{2} + \frac{5}{16}P \times \ell = -\frac{3}{16}P\ell$$

　最大せん断力 $Q_{\max}$（C 点のすぐ左で生じるせん断力）は，

$$Q_{\max} = P - \frac{5}{16}P = \frac{11}{16}P$$

となり，求める答えは 1 であることがわかります．

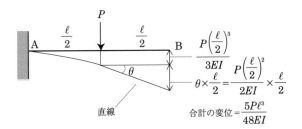

解図（問題 1-28）

【問題 1.29（水平変位）】図(問題 1-29)のように，下端が剛接合で上端が剛体の梁に剛接合されている 3 本の柱 A，B，C からなる骨組に水平力が作用する場合，柱 A，B，C の水平力の分担比 $Q_A : Q_B : Q_C$ を求めなさい．ただし，柱 A，B，C は全て等質で，断面 2 次モーメントは，それぞれ $2I$，I，I とし，せん断変形は無視します．なお，長さ ℓ，曲げ剛性 EI の片持梁の先端に集中荷重 P を加えたときの先端部のたわみ δ は $\delta = \dfrac{P\ell^3}{3EI}$ で与えられます．

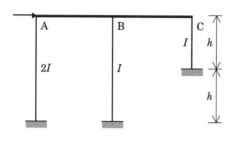

図(問題 1-29)

（国家公務員総合職試験[大卒程度試験]）

【解答】柱 A，B，C が分担する力をそれぞれ Q_A，Q_B，Q_C とすれば，柱の水平変位は等しいことから，

$$\frac{Q_A(2h)^3}{3E \times 2I} = \frac{Q_B(2h)^3}{3E \times I} = \frac{Q_C h^3}{3E \times I} \quad \therefore 4Q_A = 8Q_B = Q_C$$

$Q_B = 1$ とおけば，

$$Q_A = 2 , \quad Q_C = 8$$

したがって，求める答えは，

$$Q_A : Q_B : Q_C = 2 : 1 : 8$$

となります．

【問題 1.30（ラーメンの水平変位）】図(問題 1-30)のように水平力が作用する 2 層構造物において，1 層の層間変位 δ_1 と 2 層の層間変位 δ_2 の比を求めなさい．ただし，1 層の水平剛性を $4K$，2 層の水平剛性を $2K$ とするほか，梁は剛とし，柱の伸縮はないものとします．

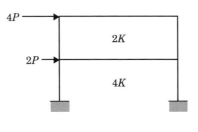

4P

2K

2P

4K

図（問題 1-30）

（国家公務員総合職試験[大卒程度試験]）

【解答】1 層の層間変位 δ_1 は，

$$\delta_1 = \frac{1層以上に作用する水平力}{1層の水平剛性} = \frac{2P+4P}{4K} = 1.5\frac{P}{K}$$

2 層の層間変位 δ_2 は，

$$\delta_2 = \frac{2層に作用する水平力}{2層の水平剛性} = \frac{4P}{2K} = 2\frac{P}{K}$$

　したがって，求める答えは，

$$\delta_1 : \delta_2 = 1.5 : 2 = 3 : 4$$

となります．

【問題 1.31（短柱に作用する応力度）】 図Ⅰのような，底部で固定された矩形断面材の頂部の図心 G に，集中鉛直荷重 P と水平荷重 Q が作用するときの，底部 a-a 断面における垂直応力度分布が図Ⅱに表されており，左端の応力度は 0 となっています．P と Q の比を求めなさい．ただし，矩形断面材は，断面が $B \times B$，高さが $2B$ の等質等断面とし，自重は無視します．

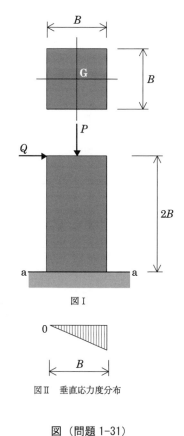

図Ⅰ

図Ⅱ　垂直応力度分布

図（問題 1-31）

（国家公務員総合職試験[大卒程度試験]）

【解答】 圧縮応力度を正とすれば，左端の応力度 σ は，

$$\sigma = \frac{P}{A} - \frac{M}{I}y = \frac{P}{B \times B} - \frac{Q \times 2B}{B \times B^3 / 12} \times \frac{B}{2} = 0 \quad \therefore 12Q = P$$

したがって，

$$P : Q = 12 : 1$$

となります．

【問題 1.32（座屈）】図(問題 1-32)のような材の長さと材端の支持条件が異なる柱 A，B，C の座屈荷重をそれぞれ P_A，P_B，P_C としたとき，それらの大小関係を求めなさい．ただし，全ての柱は等質等断面の弾性部材とします．

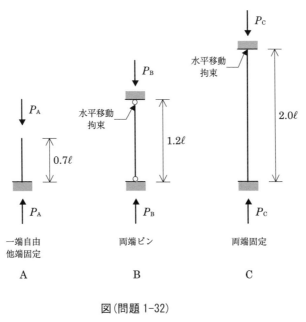

図(問題 1-32)

（国家公務員一般職種試験）

【解答】曲げ剛性を EI として**オイラーの座屈公式**を適用すれば，

A : $P_A = \dfrac{\pi^2 EI}{(2 \times 0.7\ell)^2} = \dfrac{\pi^2 EI}{1.96\ell^2}$

B : $P_B = \dfrac{\pi^2 EI}{(1 \times 1.2\ell)^2} = \dfrac{\pi^2 EI}{1.44\ell^2}$

C : $P_C = \dfrac{\pi^2 EI}{(0.5 \times 2\ell)^2} = \dfrac{\pi^2 EI}{\ell^2}$

したがって，

$$P_C > P_B > P_A$$

となります．

【問題 1.33（座屈）】 図(問題 1-33)のような支持条件で同一材質からなる柱 A，B，C の弾性座屈荷重の理論値 P_A，P_B，P_C の大小関係を答えなさい．ただし，柱 A，B，C の材端の水平移動は拘束されており，それぞれの断面 2 次モーメントは I，$2I$，$3I$ とします．

柱	A	B	C
支持条件	両端ピン	両端ピン	上端ピン／下端固定
断面 2 次モーメント	I	$2I$	$3I$

図(問題 1-33)

（国家公務員一般職種試験）

【解答】 ヤング係数を E として**オイラーの座屈公式**を適用すれば，

柱 A： $P_A = \dfrac{\pi^2 EI}{(1 \times \ell/2)^2} = \dfrac{4\pi^2 EI}{\ell^2}$

柱 B： $P_B = \dfrac{\pi^2 E \times 2I}{(1 \times \ell)^2} = \dfrac{2\pi^2 EI}{\ell^2}$

柱 C： $P_C = \dfrac{\pi^2 E \times 3I}{(0.7 \times \ell)^2} = \dfrac{3\pi^2 EI}{0.49\ell^2} \fallingdotseq \dfrac{6\pi^2 EI}{\ell^2}$

したがって，求める答えは，

$$P_B < P_A < P_C$$

となります．

【問題 1.34（座屈）】図(問題 1-34)のような構造物Ⅰ，Ⅱ，Ⅲにおける弾性座屈荷重の理論値 P_A，P_B，P_C の大小関係を答えなさい．ただし，全ての柱は全長にわたって等質等断面であり，梁は剛体です．また，柱および梁の質量は無視するものとします．

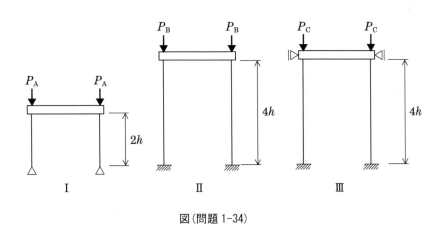

図(問題 1-34)

（国家公務員一般職種試験）

【解答】柱の曲げ剛性を EI とし，構造物Ⅱ（両端固定で水平移動が自由）と構造物Ⅲについて，柱一本あたりの弾性座屈荷重を求めれば，

$$P_B = \frac{\pi^2 EI}{(1 \times 4h)^2} = \frac{1}{16}\frac{\pi^2 EI}{h^2}, \quad P_C = \frac{\pi^2 EI}{(0.7 \times 4h)^2} \fallingdotseq \frac{2}{16}\frac{\pi^2 EI}{h^2}$$

構造物Ⅰについては，解図（問題 1-34）のような変形をするので $K=2$ と考えればよく，それゆえ，

$$P_A = \frac{\pi^2 EI}{(2 \times 2h)^2} = \frac{1}{16}\frac{\pi^2 EI}{h^2}$$

したがって，求める答えは，

$$P_A = P_B < P_C$$

となります．

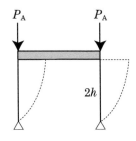

解図(問題 1-34)

【問題 1.35（不静定構造物の反力）[やや難]】図(問題 1-35)のような節点および支点がピン接合であるトラスの節点 A に，水平右向きの一点集中荷重 P が作用しています．このときの支点 B に生ずる水平方向反力と鉛直方向反力の組合せとして最も妥当なものを解答群から選びなさい．ただし，縦方向弦材は鉛直，横方向弦材は水平であるとします．

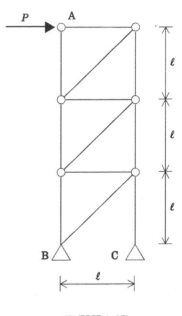

図(問題 1-35)

B の水平方向反力
（向きと大きさ）

B の鉛直方向反力
（向きと大きさ）

1.　左向き　P　　　　　下向き　$3P$
2.　左向き　P　　　　　上向き　$3P$
3.　左向き　$\dfrac{1}{2}P$　　　下向き　$3P$
4.　0（反力なし）　　　下向き　$3P$
5.　右向き　P　　　　　上向き　$3P$

（国家公務員総合職試験[大卒程度試験]）

【解答】支点 B の鉛直反力（上向き）と水平反力（右向き）を V_B，H_B，支点 C の鉛直反力（上向き）と水平反力（右向き）を V_C，H_C とします．

時計回りを正として C 点回りのモーメントのつり合いを考えれば，

$$V_B \times \ell + P \times 3\ell = 0 \quad \therefore V_B = -3P$$

それゆえ，求める答えは 1，3，4 のいずれかであることがわかります．このうち，4 の水平反力 H_B は 0 となっていますが，これは明らかにおかしいことがわかると思います．何故なら，集中荷重 P は A 点の右方向に作用しているので，水平反力 H_B は左向きに作用するからです．

　ところで，与えられたトラスは不静定トラスです．そこで，C 点の水平反力（右向き）H_C を求めることにします．そのためには，解図(問題 1-35)に示したように C 点を可動支点とした**静定基本形**を考えて，

　　静定基本形の A 点に水平力 P を作用させた場合の C 点の水平変位 $+ \delta_1 H_C = 0$
　　（δ_1 は静定基本形の C 点に単位荷重 1 を作用させた場合の水平変位）

の**適合条件式**を立てる必要があります. ただし, 静定基本形の A 点に水平力 P を作用させた場合の C 点の水平変位は 0 ですので, $H_C = 0$ となります.

したがって, B 点に作用する水平反力 H_B は左向きに P となり, 求める答えは 1 となります.

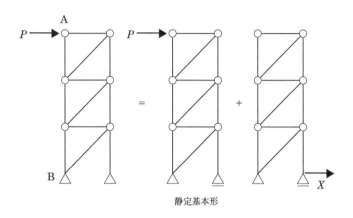

静定基本形

解図（問題 1-35）

【問題 1.36（不静定構造物の応力）】 図(問題 1-36)のような固定端 A, B, C に支持された構造体の端点 E に対し, 集中荷重 5P が鉛直方向に作用するときの固定端 A 点の曲げモーメントを求めなさい. ただし, 部材 AD, BD, CD の剛比はそれぞれ $k_{AD} = 1$, $k_{BD} = 2$, $k_{CD} = 2$ とし, 曲げ変形のみを考えるものとします. また, 部材の自重は無視します.

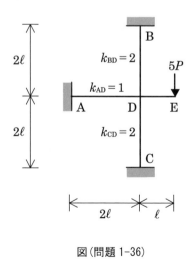

図（問題 1-36）

（国家公務員総合職試験[大卒程度試験]）

【解答】E 点にモーメント荷重 $5P\ell$ が作用するモデルに置き換え，**分割モーメントと到達モーメントの関係**（固定端でのモーメント M_A は分割モーメント M_{DA} の 1/2 になるという関係）を適用すれば，

$$M_{DA} = \frac{1}{2+1+2} \times 5P\ell = P\ell \quad \rightarrow \quad M_A = \frac{1}{2} \times P\ell = \frac{P\ell}{2}$$

のように答えが求まります．

【**問題 1.37（不静定構造物の応力）**】図(問題 1-37)は，水平力を受ける 1 層 2 スパンのラーメンの応力のうち，柱の曲げモーメントと梁のせん断力を示したものです．このときの水平力 P と梁材 AB の梁端 B における曲げモーメントを求めなさい．ただし，部材の自重は無視します．

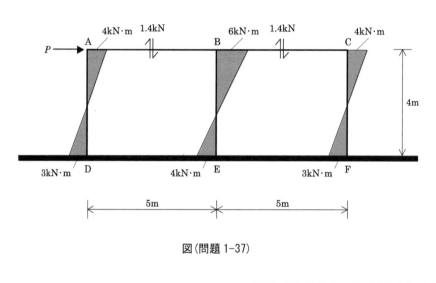

図(問題 1-37)

（国家公務員総合職試験[大卒程度試験]）

【解答】せん断力 Q は，

$$せん断力 Q = -\frac{材端モーメントの和}{スパン}$$

で求められますので，

$$1.4 = -\frac{4 + M_{BA}}{5}$$

から，梁材 AB の梁端 B における曲げモーメント M_{BA} は，

$$M_{BA} = -3.0\,\mathrm{kN \cdot m} \quad （大きさは 3.0\ \mathrm{kN \cdot m}）$$

となります．また，水平力 P は，

$$P = -\left(\frac{3+4}{4} + \frac{4+6}{4} + \frac{3+4}{4}\right) = -6.0 \ \text{kN} \quad (\text{大きさは } 6.0 \ \text{kN・m})$$

のように求まります.

【問題 1.38（不静定構造物の応力）[やや難]】 図(問題 1-38)は，ある 2 層の構造物の各階に水平荷重が作用したときのラーメンの応力のうち，柱の曲げモーメントを表したものです. このとき，2 階床レベルに作用する水平荷重 P と柱 AB に生ずる軸方向力 N の組合せとして最も妥当なものを解答群から選びなさい.

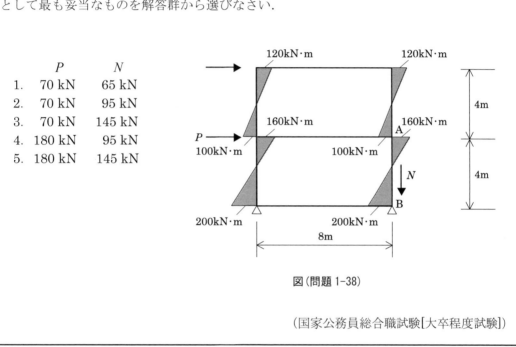

	P	N
1.	70 kN	65 kN
2.	70 kN	95 kN
3.	70 kN	145 kN
4.	180 kN	95 kN
5.	180 kN	145 kN

図(問題 1-38)

（国家公務員総合職試験[大卒程度試験]）

【解答】 せん断力 Q は，

$$\text{せん断力} Q = -\frac{\text{材端モーメントの和}}{\text{スパン}}$$

で求められます. ここでは，正確を期して「**材端モーメントは時計回りが正**」として**材端せん断力**を求めれば，

$$Q_{2F柱左} = -\frac{-120-100}{4} = 55 \ \text{kN}, \quad Q_{2F柱右} = -\frac{-120-100}{4} = 55 \ \text{kN}$$

$$Q_{1F柱左} = -\frac{-160-200}{4} = 90 \ \text{kN}, \quad Q_{1F柱右} = -\frac{-160-200}{4} = 90 \ \text{kN}$$

ここで，解図(問題 1-38)を参照して，右向きの力を正とすれば，

$$P+55-90+55-90=0 \quad \therefore P = 70 \ \text{kN}$$

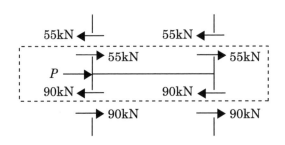

解図（問題 1-38）

一方，2 階天井レベルに作用するせん断力 Q は，

$$Q = -\frac{120+120}{8} = -30\,\text{kN}$$

また，2 階床レベルに作用するせん断力 Q は，

$$Q = -\frac{(100+160)+(100+160)}{8} = -65\,\text{kN}$$

ゆえに，N の大きさは，

N ＝2 階天井レベルに作用するせん断力＋2 階床レベルに作用するせん断力

　＝-30-65＝-95 kN　　（大きさは 95 kN）

　したがって，求める答えは 2 となります．

　なお，材端モーメントの符合が分かりにくい人は，「大きさを求める問題」と割り切って

$$せん断力\,Q = \left|\frac{材端モーメントの和}{スパン}\right|$$

でせん断力 Q を算定した後，手順にしたがって水平荷重 P と柱 AB に生ずる軸方向力 N を機械的に計算し，それぞれの絶対値の大きさを求めても構いません．

【問題 1.39（塑性状態）】 図Ⅰのような，等質で，幅がb，せいがhである矩形断面の図心に，軸圧縮力Nおよび軸圧縮力を考慮した全塑性モーメントM_{pc}が作用しています．この材料の降伏応力度をσ_yとして$N=0.2bh\sigma_y$のとき，この断面のM_{pc}を求めなさい．ただし，応力度の分布は，図Ⅱのように，M_{pc}だけに関係する部分とNだけに関係する部分に分けて考えることができます．

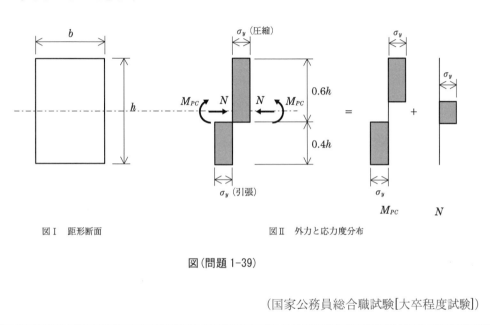

図Ⅰ 距形断面　　　　図Ⅱ 外力と応力度分布

図（問題1-39）

（国家公務員総合職試験[大卒程度試験]）

【解答】 M_{pc}だけに関係する部分に着目すれば，求める答えは，

$$M_{pc}=0.4h\times b\times\sigma_y\times(0.1h+0.2h)\times2=0.24bh^2\sigma_y$$

となります．

【**問題 1.40（塑性）**】図 I のように幅が b，せいが h である底部 a−a で固定された高さ $3h$ の矩形断面材の頂部の図心 G に，鉛直荷重 N と水平荷重 Q を作用させ，水平荷重のみを増加させた場合に，底部にて塑性ヒンジが生じるに至ったときの底部 a−a 断面での垂直応力度の分布が図 II に示されている．この矩形断面材の降伏応力度を σ_y として $N = 0.4bh\sigma_y$ のとき，鉛直荷重 N と水平荷重 Q の比を求めなさい．ただし，矩形断面材は等質等断面で自重は無視できるほか，底部 a−a での垂直応力度の分布は，図 II のように，底部に生じるモーメント M_{pc} だけに関係する部分と鉛直荷重 N だけに関係する部分に分けて考えることができるとします．

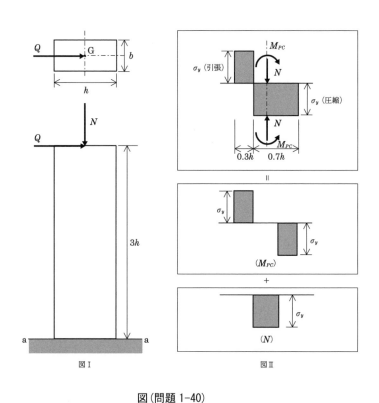

図（問題 1-40）

（国家公務員総合職試験［大卒程度試験］）

【**解答**】底部に生じるモーメント M_{pc} だけに関係する部分に着目すれば，

$$M_{pc} = Q \times 3h = \sigma_y \times 0.3hb \times (0.2h + 0.3h/2) \times 2 = 0.21\sigma_y h^2 b \quad \therefore Q = 0.07bh\sigma_y$$

一方，問題文に記述されているように $N = 0.4bh\sigma_y$ なので，求める答えは，

$$N : Q = 0.4 : 0.07 = 1 : 0.175$$

となります．

【問題 1.41 (崩壊メカニズム)】図Ⅰのラーメンに作用する水平荷重 P を増大させたとき,図Ⅱの崩壊メカニズムを示しました.崩壊水平荷重 P_u を求めなさい.ただし,柱,梁の全塑性モーメントをそれぞれ $3M_p$, M_p とし,部材の自重は無視します.

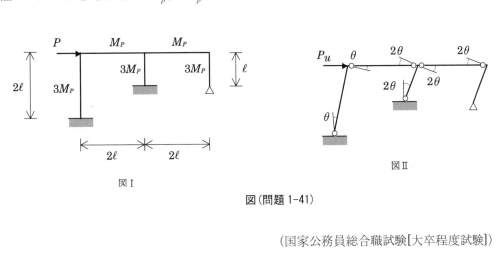

図(問題 1-41)

(国家公務員総合職試験[大卒程度試験])

【解答】外力(鉛直荷重 P)がなす仮想仕事 W_e は,

$$W_e = P \times 2\ell\theta \tag{a}$$

です.一方,**内力(塑性ヒンジでの全塑性モーメント M_p)がなす仮想仕事** W_{in} は,柱と梁の全塑性モーメントが異なること(右端の柱には塑性ヒンジが形成されていないこと)に留意すれば,

$$W_{in} = 3M_p \times \theta + M_p \times \theta + M_p \times 2\theta + M_p \times 2\theta + 3M_p \times 2\theta + M_p \times 2\theta = 16M_p\theta \tag{b}$$

です.$W_e = W_{in}$(**外力と内力がなす仮想仕事は等しい**)でないといけませんので,式(a)と式(b)から,梁が崩壊するときの最小鉛直荷重 P(崩壊荷重 P_u)を求めれば,

$$P = P_u = \frac{16M_p\theta}{2\ell\theta} = \frac{8M_p}{\ell}$$

となります.

【問題 1.42（崩壊メカニズム）】 図(問題 1-42)のような，点 A に鉛直集中荷重 P が作用する水平な梁において，P を増大させたところ，点 A と端点 B に塑性ヒンジが形成され，$P = P_u$ となったとき，この梁は崩壊メカニズムに達した．このときの P_u を求めなさい．ただし，梁の全塑性モーメントを M_P とし，部材の自重は無視するものとします．

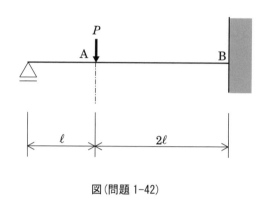

図(問題 1-42)

（国家公務員総合職試験[大卒程度試験]）

【解答】 解図(問題 1-42)を参照して，外力と内力がなす仕事は等しいという関係を適用すれば，

$$P_u \times \ell\theta = M_P \times \left(\theta + \frac{\theta}{2}\right) + M_P \times \frac{\theta}{2}$$

したがって，求める答えは，

$$P_u = \frac{2M_P}{\ell}$$

となります．

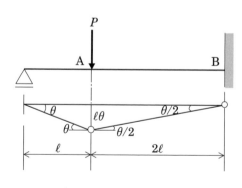

解図(問題 1-42)

第2章

構造設計

【問題2.1（構造設計）】 構造設計に関する記述[ア]～[エ]の正誤を答えなさい.

[ア] 許容応力度は，長期許容応力度と短期許容応力度の2つに分かれ，短期許容応力度は長期許容応力度に比べて大きく定められている.

[イ] 保有水平耐力とは，部材の断面が塑性ヒンジとなって崩壊機構が形成されるときの耐力であり，大地震時における安全性を確認する際に用いられる.

[ウ] 層間変形角は，地震力によって生じる各階の水平方向の層間変位を階高で除したものであり，建築物の剛性確保のほか，骨組の変形による仕上材の損傷を防ぐためにも用いられる.

[エ] 剛性率とは，建物の平面的な剛性のバランスを示す指標であり，大きいほどねじれたり，回転しやすくなる.

(国家公務員一般職種試験)

【解答】 [ア]＝正（記述の通り，**短期許容応力度**は**長期許容応力度**に比べて大きく定められています），[イ]＝正（記述の通り，**保有水平耐力**とは部材の断面が塑性ヒンジとなって崩壊機構が形成されるときの耐力であり，大地震時における安全性を確認する際に用いられています），[ウ]＝正（記述の通り，**層間変形角**は，地震力によって生じる各階の水平方向の層間変位を階高で除したものであり，建築物の剛性確保のほか，骨組の変形による仕上材の損傷を防ぐためにも用いられています），[エ]＝誤（"ねじれたり，回転しやすくなる"のを表す指標は**偏心率**で，この値が **0.15** を超えるとねじれが大きくなり，崩壊の危険性が生じます．参考までに，**剛性率**は高さ方向における各階の剛性変化を表す数値で，この値が **0.6** 以上となるように柱や耐力壁を配置します）

【問題 2.2（構造設計）】構造設計に関する記述[ア]～[エ]の正誤を答えなさい.

[ア] 構造形式が異なる建築物の接続部には，エキスパンションジョイントを設け，構造的に分離し，それぞれ別々に構造計算を行うことが望ましい.

[イ] 水平力に対する剛性は，一般に，鉄骨造の建築物よりも鉄筋コンクリート造の建築物の方が小さい.

[ウ] 建築物の重心と剛心との距離ができるだけ大きくなるように，耐力壁を配置することが望ましい.

[エ] 建築物の耐震性は強度と靭性によって評価されるが，靭性が乏しい場合には，強度を十分に大きくする必要がある.

（国家公務員一般職種試験）

【解答】[ア]＝正（記述の通り，構造形式が異なる建築物の接続部には，**エキスパンションジョイントを設け，構造的に分離し，それぞれ別々に構造計算を行うことが望ましい**），[イ]＝誤（水平力に対する剛性は，一般に，鉄骨造の建築物よりも鉄筋コンクリート造の建築物の方が大きい），[ウ]＝誤（**重心と剛心との距離が離れているとねじれが生じて建物に損傷を与えてしまいますので，耐力壁をバランス良く配置して，重心と剛心との距離を近づけることが重要です**），[エ]＝正（**靭性は粘り強さを表し，靭性が乏しい場合には，強度を十分に大きくする必要があります**）

【問題 2.3（構造設計）】建築物の構造設計に用いられる用語や考え方に関する記述[ア]～[エ]の正誤を答えなさい.

[ア] 床スラブは，家具や居住者を支える目的や地震時に作用する力を架構に分担させる働きを有する.

[イ] ネガティブフリクションとは，地震時の水平力によって杭と周辺地盤の間に作用する摩擦力のことをいう.

[ウ] 平面保持とは，部材に曲げモーメントが作用するときに，部材の各断面は変形した後も平面を保ち，断面の軸方向のひずみ度は中立軸からの距離に比例するという断面算定時の仮定をいう.

[エ] 保有水平耐力とは，建築物がその構造の性質に応じて保有すべき水平耐力のことをいう.

（国家公務員総合職試験[大卒程度試験]）

【解答】[ア]＝正（記述の通り，**床スラブ**は，家具や居住者を支える目的や地震時に作用する力を架構に分担させる働きを有しています），[イ]＝誤（地盤沈下などによって周辺摩擦力がマイナスの支持力，すなわち，逆に杭荷重の一部として作用することになる現象を**ネガティブフリクション**といいます），[ウ]＝正（記述の通り，**平面保持**とは，部材に曲げモーメントが作用するときに，部材の各断面は変形した後も平面を保ち，断面の軸方向のひずみ度は中立軸からの距離に比例するという断面算定時の仮定をいいます），[エ]＝誤（**保有水平耐力**とは，建物が水平方向に力を受けたときに**倒壊に至る水平力**のことをいいます）

【**問題 2.4（構造設計）**】わが国の建築物における構造設計に関する記述[ア]〜[エ]の正誤を答えなさい．

[ア] 建築物には，異なる構造方法による基礎を併用してはならない．ただし，建築物の基礎について，国土交通大臣が定める基準に従った構造計算によって構造耐力上安全であることが確かめられた場合においては，この限りでない．

[イ] 建築物に作用する外力の一つとして採用しなければならないとされている風圧力は，その地方における風の性状に応じて国土交通大臣が定める風速V_0の 2 乗に比例する．

[ウ] 建築物の各階の構造特性を表すものとして，構造耐力上主要な部分の構造方法に応じて国土交通大臣が定める構造特性係数D_sは，架構がじん性に富むほど，また，減衰が大きいほど，小さくできる．

[エ] 偏心率R_eは，各階の水平方向への変形のしにくさを示す値であり，1.0 を下回る階は建物全体からみて相対的に剛性が小さい階であることを示す．

（国家公務員総合職試験[大卒程度試験]）

【解答】[ア]＝正（記述の通りです．**建築物に異なる構造方法による基礎を併用した場合**は，構造計算によって構造耐力上安全であることを確かめなければなりません），[イ]＝正（記述の通りです．**風圧力**は，その地方における風の性状に応じて国土交通大臣が定める風速V_0の 2 乗に比例します），[ウ]＝正（**構造特性係数D_s**は，建築物の振動減衰性および各階のじん性に応じて**必要保有水平耐力を低減する係数**で，架構がじん性に富むほど，また，減衰が大きいほど構造特性係数D_sは小さくできます），[エ]＝誤（**偏心率**は，偏心距離のねじり抵抗に対する割合として定義され，この値を **0.15 以下**としないと崩壊の危険性が生じます）

【問題 2.5（構造設計）】 わが国の建築物における構造設計に関する記述[ア]～[エ]の正誤を答えなさい.

[ア] 圧縮力が作用する鉄骨部材については，座屈の影響を考慮して安全性の検討を行う必要がある.

[イ] 許容応力度計算において，地震力によって各階に生じる層間変形角を確認する場合，層間変形角は，1/100 以内でなければならない.

[ウ] 鉄筋コンクリート部材の断面設計において考慮すべき鉄筋に対するコンクリートのかぶり厚さは，一般に，部位によらず一律に 5cm としなければならない.

[エ] 鉄筋コンクリート造の柱および梁部材の塑性変形能力を確保するためには，それらの部材が，せん断破壊，付着割裂破壊，圧縮破壊などの脆性的な破壊をせずに，さらに，ヒンジ部分については十分な塑性回転能力を有することが必要である.

(国家公務員総合職試験[大卒程度試験])

【解答】[ア]＝正（記述の通り，圧縮力が作用する鉄骨部材については，**座屈の影響を考慮して安全性の検討を行う必要があります**），[イ]＝誤（地震力によって各階に生じる層間変形角を確認する場合，**層間変形角は 1/200 以下**であることを確かめます），[ウ]＝誤（鉄筋に対する**コンクリートのかぶり厚さ**は，コンクリート部材の耐久性，耐力性能，耐火性能に影響をもつ重要な要素で，建築基準法では，**かぶり厚さを 3cm 以上**とすることが定められています），[エ]＝正（記述の通り，鉄筋コンクリート造の柱および梁部材の塑性変形能力を確保するためには，それらの部材が，せん断破壊，付着割裂破壊，圧縮破壊などの脆性的な破壊をせずに，さらに，ヒンジ部分については十分な塑性回転能力を有することが必要です）

【**問題 2.6（構造計算）**［やや難］】わが国における建築基準法令に定める構造計算のうち，高さ 31m 以下の建築物について，その地上部分に適用される地震時の構造計算（許容応力度計算，通称「耐震計算ルート 2」）に関する記述[ア]～[エ]の正誤を答えなさい．

[ア] 木造の建築物において，全ての水平力を筋かいによって負担する構造とする場合にあっては，特別な検討による場合を除き，地震力によって生ずる応力の数値に 1.5 倍以上の割増しを行って許容応力度の確認を行う．

[イ] 鉄筋コンクリート造の建築物においては，各階に一定以上の断面積となるよう柱および壁を設けるとともに，架構に構造耐力上支障のある急激な耐力の低下を生ずるおそれがないようにするため，地震時に部材に作用するせん断力について割増し等の検討を行う．

[ウ] 鉄骨造の建築物においては，柱および梁に用いる鋼材の局部座屈を防止する目的で，横補剛の検討を行う．

[エ] 建築物の各階について，それぞれ「層間変形角（地震力によって各階に生ずる水平方向の層間変位の当該各階の高さに対する割合）が 1/100 以内であること」または「剛性率が 0.6 以上，かつ，偏心率が 0.15 以下であること」を確認する．

(国家公務員総合職試験[大卒程度試験])

【**解答**】[ア]＝正（記述の通り，木造の建築物においては，特別な検討による場合を除き，地震力によって生ずる応力の数値に 1.5 倍以上の割増しを行って許容応力度の確認を行います），[イ]＝正（記述の通り，鉄筋コンクリート造の建築物においては，地震時に部材に作用するせん断力について割増し等の検討を行います），[ウ]＝誤（局部座屈を防止する目的で，幅厚比の規定が設けられています），[エ]＝誤（**層間変形角は 1/200 以内**であることを確かめる必要があります）

> **【問題2.7（不静定構造物の応力）】**建築物における各種構造や地盤に関する記述[ア]〜[エ]の正誤を答えなさい.
>
> [ア] 杭基礎構造の建築物における地震時の挙動は基礎，杭および地盤の性状により影響を受けることが考えられ，これらの影響が無視できないような場合は，建築物を基礎，杭および地盤を含めて適切にモデル化することが必要となる.
>
> [イ] 鋼構造において露出型柱脚とする場合，柱脚の形状により固定度を評価し，反曲点高比を定めて柱脚の曲げモーメントを求め，アンカーボルトおよびベースプレートを設計する.
>
> [ウ] 鉄筋コンクリート造では，床スラブが取り付いた梁部材の剛性・曲げ耐力を計算する際には，T形断面部材として扱う.
>
> [エ] 鉄筋コンクリート造では，腰壁やたれ壁と柱の間に耐震スリットを入れると，柱の耐力と変形能力が高まる.
>
> （国家公務員総合職試験[大卒程度試験]）

【解答】 [ア]=正（記述の通りです），[イ]=正（記述の通りです），[ウ]=正（記述の通り，**床スラブが取り付いた梁部材**の剛性・曲げ耐力を計算する際には，T形断面部材として扱います），[エ]=誤（**耐震スリット**は，柱際の腰壁やたれ壁の部分を切断して柱と縁を切る「一種の柔構造化」で，柱の耐力を高めるものではありません）

●反曲点高比

柱に作用するせん断力 Q から曲げモーメントを求めるために，柱の反曲点高 h_0（曲げモーメントが0になる高さ）と層高 h との比である**反曲点高比**（層高に対する反曲点高さの比）が必要になります.

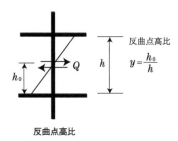

反曲点高比

反曲点高比

$y = \dfrac{h_0}{h}$

●D 値法

D 値法は，ラーメン構造の各層のせん断力を柱・梁の剛比に基づいて分配し，このせん断力から柱の材端曲げモーメントを求め，このモーメントを梁の曲げモーメントに分配する方法です.

●耐震スリット

　大きな地震が発生した際に，RC（鉄筋コンクリート）造の建築物の柱や梁，さらには架構全体が破壊しないように，柱と腰壁などの雑壁の間に設けた隙間や目地のこと．隙間の場合には「完全スリット」や「完全縁切り型スリット」，目地の場合には「部分スリット」などと呼ばれることもあります．

【問題 2.8（構造設計）】わが国の建築物における構造設計に関する記述[ア]～[エ]の正誤を答えなさい．

[ア] 鉄筋コンクリート造ラーメン構造の大梁の断面算定にあたっては，一般に，地震荷重時の断面検討に，柱面位置での曲げモーメントを用いることができる．

[イ] 長い杭により支持される建築物の計画において，地下室を設け，杭長を短くすることは杭の鉛直支持力に対する安全性を低下させるので好ましくない．

[ウ] 同一の建築物の基礎において，杭長に著しい差がある場合には，不同沈下による影響を検討する．

[エ] 多スパンラーメン架構の 1 スパンに連層耐力壁を設ける場合，その転倒に対する抵抗性を高めるためには，架構内の中央部に配置するより最外縁部に配置する方が有効である．

（国家公務員総合職試験[大卒程度試験]）

【解答】[ア]＝正（記述の通り，**鉄筋コンクリート造ラーメン構造の大梁の断面算定**にあたっては，一般に，地震荷重時の断面検討に，柱面位置での曲げモーメントを用いることができます），[イ]＝誤（地下室がある場合は基礎根入れによる浮基礎的な設計が可能であり，杭長を短くすることもできます．なお，地下室の耐震効果には，「上部構造慣性力が地下室のない場合に比べて減少する効果」と「地下室があることによって杭に発生する応力が地下室のない場合に比べて減少する効果」があるとされています），[ウ]＝正（記述の通り，同一の建築物の基礎において，杭長に著しい差がある場合には，**不同沈下**による影響を検討しなければなりません），[エ]＝誤（解図（問題 2-8）に示すように，1 階から最上階までつながっているような壁が**連層耐力壁**と呼ばれるもので，多スパンラーメン架構の 1 スパンに連層耐力壁を設ける場合，基礎の浮き上がりすなわち転倒に対する抵抗性を高めるためには，架構内の最外縁部に配置するより**中央部分に配置する方が有効**です．これは鉛直方向に着目しているからですが，水平方向に着目した場合，建物の外周部付近に多くの耐力壁があると地震が作用してもねじれに強い構造になります）

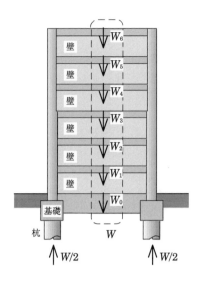

解図（問題 2-8）連層耐力壁の一例

【問題 2.9（構造設計・鉄筋コンクリート構造）】わが国の建築物における鉄筋コンクリート構造に関する記述[ア]～[エ]の正誤を答えなさい.

[ア] 梁の許容曲げモーメントは，圧縮側最外縁のコンクリートの応力度が許容圧縮応力度に達したときに求まる値と引張側主筋の応力度が許容引張応力度に達したときに求まる値のうち，大きい方の値とする.

[イ] 主筋の付着割裂破壊を防止するため，梁の主筋の間隔は密であるほどよい.

[ウ] 柱の帯筋の間隔は，過去の地震による建築物の被害を考慮して，部位によらず一律に10cm 以下としなければならない.

[エ] 四辺を梁で囲まれた四辺固定スラブの短辺方向と長辺方向の配筋を比較すると，一般に短辺方向の方が長辺方向よりも，単位幅当たりの鉄筋量が多くなる.

（国家公務員総合職試験[大卒程度試験]）

【解答】[ア]＝誤（梁の**許容曲げモーメント**は，圧縮側最外縁のコンクリートの応力度が許容圧縮応力度に達したときに求まる値と引張側主筋の応力度が許容引張応力度に達したときに求まる値のうち，小さい方です），[イ]＝誤（**付着割裂破壊**は，コンクリートと異形鉄筋の間で起こる破壊形式であり，かぶり厚さの少ない薄い構造面では鉄筋に沿って縦ひび割れを生じさせます．それゆえ，安全性を確保する上で重要な防止要因は「かぶり厚さ」となります），[ウ]＝誤（「**柱の帯筋の径は 6mm 以上とし，その間隔は 15cm**（柱に接着する壁，梁その他の横架材から上方または下方に柱の小径の 2 倍以内の距離にある部分においては10cm）以下で，かつ，最も細い主筋の径の15倍以下とすること」となっています），[エ]＝正（鉄筋コンクリート構造の長方形スラブでは，**短辺方向の引張鉄筋を主筋，長辺方向の引**

張鉄筋を配力筋といいます．このことを知っていれば，短辺方向の方が長辺方向よりも，単位幅当たりの鉄筋量が多くなることは推察できると思います）

【問題 2.10（反力）】図Ⅰのように，矩形断面の鉛直柱と水平梁からなる鉄筋コンクリート造の3ヒンジラーメン構造において，点Aに水平集中荷重 P，点Bに鉛直集中荷重 P が作用しています．この構造の主筋，帯筋，あばら筋および柱梁接合部のせん断補強筋は，せん断ひび割れが曲げひび割れに先行して起こらないように配筋されているものとすると，P の大きさを徐々に大きくしていったときに，この構造に生ずる曲げひび割れを定性的に表したものとして最も妥当なものを解答群（図Ⅱ）から選びなさい．ただし，鉛直柱と水平梁はそれぞれ等断面であり，自重は無視します．また，柱梁接合部のひび割れについては考慮しないものとします．

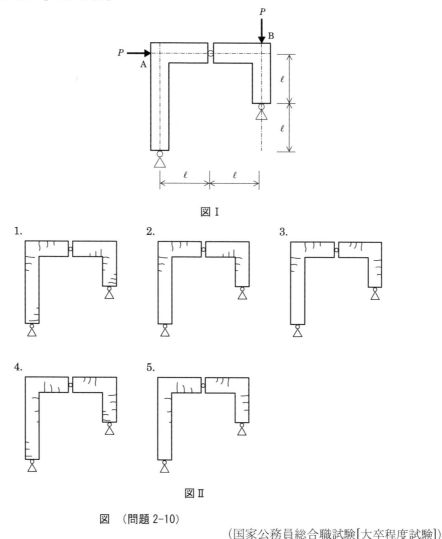

図Ⅰ

1.   2.   3.

4.   5.

図Ⅱ

図 （問題 2-10）

（国家公務員総合職試験[大卒程度試験]）

【解答】この問題は，反力の大きさを求めなくても作用する方向さえわかれば解くことができますが，ここでは勉強もかねて反力の大きさも求めることにします．解図 1（問題 2-10）に示すように，C 点と D 点に，鉛直反力 V_C と V_D，水平反力 H_C と H_D が作用するとします．

鉛直方向と水平方向の力のつり合いから，

$$V_C + V_D = P \tag{a}$$

$$H_C + H_D = P \tag{b}$$

D 点におけるモーメントのつり合いから，

$$V_C \times 2\ell + P \times \ell = 0 \tag{c}$$

水平梁のヒンジ点より右側のモーメントのつり合いから，

$$H_D \times \ell + P \times \ell - V_D \times \ell = 0 \tag{d}$$

これらの式(a)～(d)より，

$$V_C = -\frac{P}{2}, \quad V_D = \frac{3P}{2}, \quad H_D = V_D - P = \frac{3P}{2} - P = \frac{P}{2}, \quad H_C = \frac{P}{2}$$

が得られ，解図 2（問題 2-10）に示す方向に作用することになります．

鉄筋コンクリートの引張側には曲げひび割れが生じ，そのひび割れは曲げモーメントが大きくなるにしたがって大きくなります．それゆえ，AC 部材に着目すれば，右側に曲げひび割れが生じ，A 点に近いほどひび割れは大きくなります．一方，BD 部材に着目すれば，右側に曲げひび割れが生じ，B 点に近いほどひび割れは大きくなります．それゆえ，正解は 5 となります．

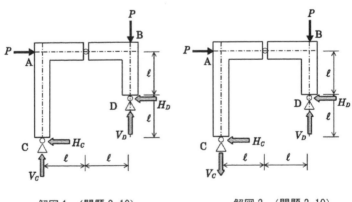

解図 1　（問題 2-10）　　　　　解図 2　（問題 2-10）

【問題 2.11（鉄筋コンクリート構造）】わが国における鉄筋コンクリート構造の構造設計に関する記述[ア]〜[エ]の正誤を答えなさい.

[ア] 杭基礎の設計においては，建設地の硬い支持層が極めて深い位置にあり，そこまで杭を打ち込むことが施工性や費用等の観点から困難である場合，一般に，摩擦杭の採用を検討する.

[イ] 腰壁を設ける場合には，柱が地震等の水平力の影響で破壊されないよう，腰壁と柱を構造的に一体化させなければならない.

[ウ] 耐力壁に開口部を設ける場合には，一般に，その開口部周辺と隅部を鉄筋で補強する.

[エ] 鉄筋に対するコンクリートのかぶり厚さの設計においては，一般に，直接土に接する屋外の柱のかぶり厚さを 40mm 以上とし，土に接しない屋内の柱のかぶり厚さを 20mm 以上とする.

（国家公務員一般職種試験）

【解答】[ア]＝正（記述の通り，杭基礎の設計においては，建設地の硬い支持層が極めて深い位置にあり，そこまで杭を打ち込むことが施工性や費用等の観点から困難である場合，一般に，**摩擦杭**の採用を検討します），[イ]＝誤（腰壁や垂れ壁の付いた鉄筋コンクリート構造の柱（短柱）は，それらの付かない柱に比べて，地震時の塑性変形能力が小さく破壊しやすくなります. それゆえ，解図（問題 2-11）に示すように，柱と腰壁との間にスリットを入れて構造的に切断しておいた方がよいといえます），[ウ]＝正（耐力壁に開口を空けると，そこが弱点となり耐震性の低下を招きます. それゆえ，記述の通り，耐力壁に開口部を設ける場合には，一般に，その開口部周辺と隅部を鉄筋で補強します），[エ]＝誤（土に接しない耐力壁・柱・梁のかぶり厚さは 30mm 以上です. ちなみに，じかに土に接する屋外の柱のかぶり厚さは 40mm 以上ですので，この部分の記述は正しいといえます. なお，20mm 以上のかぶり厚さが必要な部位は，床スラブ・屋根スラブ・非耐力壁です）

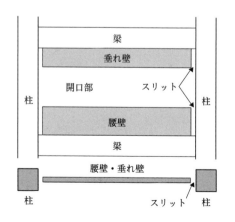

解図（問題 2-11）腰壁と垂れ壁

●**支持杭と摩擦杭**

　支持杭とは，杭先端を N 値の高い支持層に根入れして支持力を確保する杭です．支持層までの地盤が軟弱地盤の場合，支持杭とします．支持杭とは反対に，杭周面の摩擦抵抗で支持する杭を**摩擦杭**といいます．

【**問題 2.12（鉄筋コンクリート構造）**】鉄筋コンクリート構造に関する記述[ア]〜[エ]の正誤を答えなさい．

[ア] 小梁は，主にスラブを支持し，その荷重を直接柱に伝達する．

[イ] 四辺を梁で支持された周辺固定の長方形スラブでは，曲げモーメントによって，周辺部分は下端が引張を受け，中央部分では上端が引張を受ける．

[ウ] 鉄筋とコンクリートの付着強度は，コンクリートの圧縮強度が大きいほど増加する．

[エ] 柱に生じる軸方向力は下階にいくほど大きくなるので，一般に，柱の断面は上階よりも下階を大きくする．

(国家公務員一般職種試験)

【**解答**】[ア]＝誤（主にスラブを支持し，その荷重を直接柱に伝達するのは**大梁**です），[イ]＝誤（周辺固定の長方形スラブでは，中央部分は正の曲げモーメントが生じますので下端が引張，周辺部分では負の曲げモーメントが生じますので上端が引張となります），[ウ]＝正（記述の通り，鉄筋とコンクリートの付着強度は，コンクリートの圧縮強度が大きいほど増加します），[エ]＝正（記述の通り，柱に生じる軸方向力は下階にいくほど大きくなりますので，一般に，柱の断面は上階よりも下階を大きくします）

【問題 2.13（木造建築物の構造設計）】木造建築物の構造設計に関する記述[ア]〜[エ]の正誤を答えなさい.

[ア] 地震力に対して必要な耐力壁の有効長さは，張り間方向，けた行方向で異なるため，それぞれの方向について検討が必要である.

[イ] 梁の欠込みが材の引張側にある場合，材の圧縮側にある場合より強度上，有利である.

[ウ] 柱の断面およびその仕口の設計では，鉛直荷重とともに水平荷重も考慮する必要がある.

[エ] 風圧力に対して必要な耐力壁の有効長さは，一般に，見付面積により算出する.

(国家公務員一般職種試験)

【解答】[ア]＝誤（**地震力に対して必要な耐力壁の有効長さ（所要壁量）**は，床面積から計算するので，**張り間方向とけた行方向で同じ値になります**），[イ]＝誤（**欠込み**とは，部材を接合するために部材の一部を欠き取ることをいいます．梁やけたの中央付近の下側に，耐力上支障のある欠込みをしてはいけません．これは，下端の中央部（引っ張りが大きい部分）に欠込みがあると，そこから木材の繊維方向に割れが発生し，曲げに対する強度が損なわれるからです），[ウ]＝正（記述の通り，柱の断面およびその仕口の設計では，鉛直荷重とともに水平荷重も考慮する必要があります），[エ]＝正（**風圧力に対して必要な耐力壁の有効長さ（所要壁量）**は，一般に，見付面積（投影面積）から算出します．それゆえ，**張り間方向とけた行方向では異なる値になります**）

【問題 2.14（構造設計）】建築基準法令に定める構造計算に関する記述［ア］〜［エ］の正誤を答えなさい.

［ア］ 地震時を想定して許容応力度計算を行う場合，風圧力によって構造耐力上主要な部分に生ずる力は考慮しなくともよい.

［イ］ 長期に生ずる力に対する圧縮の許容応力度は，基準強度 F に対し，構造用鋼材の場合は $\frac{1}{3}F$，コンクリートの場合は $\frac{2}{3}F$ に設定する.

［ウ］ 地震層せん断力係数の建築物の高さ方向の分布を表す A_i 分布の値は，建築物の上階になるほど大きくなり，かつ，建築物の設計用一次固有周期 T が短いほど，その傾向が著しくなる.

［エ］ 剛性率は，ある階の水平方向への変形のしにくさが建築物全体のそれと比較してどの程度であるか示すものであり，この値が 0.6 未満となる階では必要保有水平耐力を割り増す必要がある.

（国家公務員総合職試験［大卒程度試験］）

【解答】［ア］＝正（記述の通り，「地震時を想定して許容応力度計算を行う場合，風圧力によって構造耐力上主要な部分に生ずる力は考慮しなくともよい」ことになっています），［イ］＝誤（コンクリートの圧縮許容応力度は，長期に生ずる力に対しては $F/3$ で，短期の場合は長期に対する値の 2 倍となります. 一方，構造用鋼材の圧縮許容応力度は，長期に生ずる力に対しては $F/1.5$ で，短期の場合は長期に対する値の 1.5 倍となります），［ウ］＝誤（**高さ方向の地震層せん断力係数の分布係数** A_i は，地上の最下層では 1.0 で上層にいくにしたがって大きく振動するので値が大きくなります. 一方，これとは別に，設計用一次固有周期と地盤の種別に応じて定まる数値として，**振動特性係数** R_t が定義されています），［エ］＝正（記述の通りです. **剛性率**は，ある階の水平方向への変形のしにくさが建築物全体のそれと比較してどの程度であるか示すものであり，この値が **0.6 未満**となる階では必要保有水平耐力を割り増す必要があります）

【**問題 2.15（構造計算）**】建築基準法施行令に定める構造計算に関する記述 [ア]〜[エ]の正誤を答えなさい.

[ア] 地震に対する各階の必要保有水平耐力は, 建築物の構造耐力上主要な部分の構造方法に応じた減衰性および各階のじん性を考慮して定められる構造特性係数 D_s により低減することができる.

[イ] 風圧力の計算に用いる速度圧 q は, その地方における過去の台風の記録に基づく風害の程度その他の風の性状に応じて国土交通大臣が定める風速 V_0 の 2 乗に比例する.

[ウ] 地震力を計算する場合の積載荷重の値は, 床の構造計算をする場合の積載荷重の値よりも大きい.

[エ] 固定荷重, 積載荷重, 積雪荷重の各荷重によって生じる力を, それぞれ G, P, S とするとき, 特定行政庁が指定する多雪区域<u>以外</u>の区域において, 積雪時の応力度を計算する場合に採用する力 $G + P + S$ は, 長期に生ずる力に分類される.

(国家公務員総合職試験[大卒程度試験])

【**解答**】[ア]＝正 (**構造特性係数** D_s **は**, 建築物の振動減衰性および各階のじん性に応じて**必要保有水平耐力を低減する係数**で, 架構がじん性に富むほど, また, 減衰が大きいほど構造特性係数 D_s は小さくできます), [イ]＝正 (記述の通りです. 風圧力は, その地方における風の性状に応じて国土交通大臣が定める風速 V_0 の 2 乗に比例します), [ウ]＝誤 (単位床面積当たりの積載荷重の大小関係は, 実況に応じて計算しない場合, 「**床の構造計算用＞大梁・柱または基礎の構造計算用＞地震力の計算用**」です), [エ]＝誤 (建築基準法施行令では「**多雪区域**」が定められています. その名の通り「雪が多い区域」ですが, これは特定行政庁が定める設計用の垂直積雪量が 1m 以上の区域を指すものとされています. この多雪区域では $G + P + S$ を短期荷重として検定, $G + P + 0.7\,S$ を長期荷重として検定することになっています. なお, 多雪区域以外では $G + P + S$ を短期荷重として検定するだけでよいとされています)

【問題 2.16（固有周期）】図（問題 2-16）のように，頂部にそれぞれ質量が $9m$，$3m$およ び m の集中質量をもつ柱 A，B，C の固有周期 T_A，T_B，T_C の大小関係を求めなさい．ただ し，集中質量を支える柱は曲げ剛性が全て一様であり，柱の自重は無視できるものとしま す．

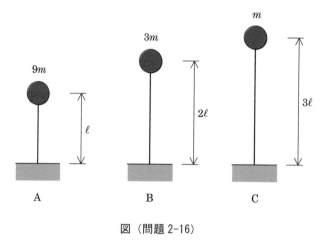

図（問題 2-16）

（国家公務員総合職試験[大卒程度試験]）

【解答】固有周期 T は，m を質量，k をばね定数とすれば，

$$T = 2\pi\sqrt{\frac{m}{k}}$$

で求めることができます．ところで，片持梁のたわみ δ を求める公式 $\delta = \dfrac{P\ell^3}{3EI}$ を変形すれば，

$$P = \frac{3EI}{\ell^3}\delta = k\delta$$

となり，ばね定数 k は $k = \dfrac{3EI}{\ell^3}$ となります．そこで，柱 A，B，C のばね定数 k_A，k_B，k_C を 求めれば，

$$k_A = \frac{3EI}{\ell^3}, \quad k_B = \frac{3EI}{(2\ell)^3} = \frac{k_A}{8}, \quad k_C = \frac{3EI}{(3\ell)^3} = \frac{k_A}{27}$$

ゆえに，固有周期は，

$$T_A = 2\pi\sqrt{\frac{9m}{k_A}}, \quad T_B = 2\pi\sqrt{\frac{3m}{k_B}} = 2\pi\sqrt{\frac{24m}{k_A}}, \quad T_C = 2\pi\sqrt{\frac{m}{k_C}} = 2\pi\sqrt{\frac{27m}{k_A}}$$

したがって，答えは，

$$T_C > T_B > T_A$$

となります．

【**問題 2.17（固有周期）**】図（問題 2-17）のように，下端が固定され，上端が剛体の梁に剛接合された 2 本の柱によって支えられている骨組みがあります．この骨組みを 1 質点系振動モデルとみなした場合の固有周期 T を求めなさい．ただし，梁の質量を m，2 本の柱の長さをともに 2ℓ，2 本の柱の曲げ剛性をともに EI とします．また，柱は全て等質等断面で曲げ変形のみ生ずる弾性部材であり，柱の上端は水平方向にのみ変位が生ずるものとし，柱の質量は無視します．なお，長さ ℓ，曲げ剛性 EI の片持梁の先端に集中荷重 P を加えたときの先端部のたわみ δ は $\delta = P\ell^3 / 3EI$ で与えられます．

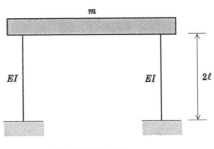

図（問題 2-17）

（国家公務員総合職試験［大卒程度試験］）

【**解答**】固有周期 T は，m を質量，k をばね定数とすれば，

$$T = 2\pi\sqrt{\frac{m}{k}}$$

で求めることができます．ところで，解図（問題 2-17）に示したように下端が固定された場合（柱の長さは h）の水平変位を求める公式は，

$$\delta = 2 \times \frac{P}{3EI} \times \left(\frac{h}{2}\right)^3 = \frac{Ph^3}{12EI}$$

ですので，本問題の柱 1 本当たりのばね定数は，

$$P = \frac{12EI}{(2\ell)^3}\delta$$

から $\dfrac{12EI}{(2\ell)^3}$ となり，柱 2 本を合計したばね定数は，

$$2 \times \frac{12EI}{(2\ell)^3} = \frac{3EI}{\ell^3}$$

となります．

したがって，求める答えは，

$$T = 2\pi\sqrt{\frac{m}{k}} = 2\pi\sqrt{\frac{m}{3EI / \ell^3}} = 2\pi\sqrt{\frac{m\ell^3}{3EI}}$$

となります．

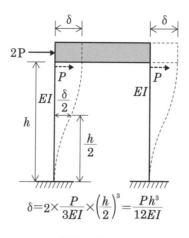

$$\delta = 2 \times \frac{P}{3EI} \times \left(\frac{h}{2}\right)^3 = \frac{Ph^3}{12EI}$$

解図（問題 2-17）

【問題 2.18（固有周期）】 図（問題 2-18）に示す架構Ⅰと架構Ⅱについて，架構Ⅰの固有周期をT_Iとした場合，架構Ⅱの固有周期T_IIを求めなさい．ただし，架構Ⅰおよび架構Ⅱとも，梁は剛体であり，頂部において水平方向にのみ変位が生ずるものとし，柱の脚部は架構Ⅰにおいてピン接合，架構Ⅱにおいて剛接合とします．また，架構Ⅱの梁の質量と架構の高さは，それぞれ，架構Ⅰの4倍および2倍とします．なお，架構の柱は全て等質等断面とし，曲げ変形のみ生ずるものとします．また，柱の質量は無視します．

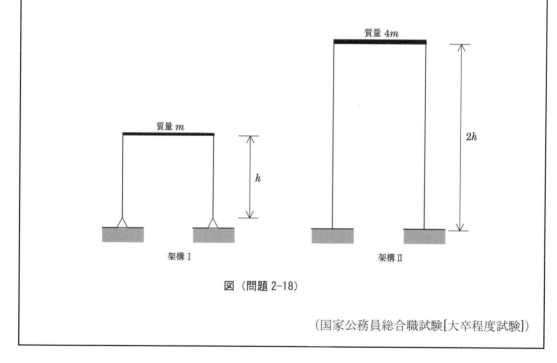

図（問題 2-18）

（国家公務員総合職試験[大卒程度試験]）

【解答】 ラーメンの水平変位δを求める公式は，柱の高さをh，柱の曲げ剛性をEI，1本の柱頂部に作用する力をPとすれば，

下端がヒンジの場合：$\delta = \dfrac{Ph^3}{3EI}$

下端が固定の場合：$\delta = 2 \times \dfrac{P}{3EI} \times \left(\dfrac{h}{2}\right)^3 = \dfrac{Ph^3}{12EI}$

で求めることができます.

それゆえ, 架構 I に対しては,

$$\delta = \frac{Ph^3}{3EI} \quad \therefore P = \frac{3EI}{h^3}\delta = k_{\mathrm{I}}\delta \quad (k_{\mathrm{I}} \text{ はばね定数})$$

固有円振動数を ω_{I} とすれば,

$$\omega_{\mathrm{I}}T_{\mathrm{I}} = 2\pi \text{ より, } T_{\mathrm{I}} = \frac{2\pi}{\omega_{\mathrm{I}}} = 2\pi\sqrt{\frac{m}{k_{\mathrm{I}}}} = 2\pi\sqrt{\frac{mh^3}{3EI}}$$

架構 II に対しては,

$$\delta = \frac{P(2h)^3}{12EI} \quad \therefore P = \frac{12EI}{8h^3}\delta = k_{\mathrm{II}}\delta \quad (k_{\mathrm{II}} \text{ はばね定数})$$

固有円振動数を ω_{II} とすれば,

$$\omega_{\mathrm{II}}T_{\mathrm{II}} = 2\pi \text{ より, } T_{\mathrm{II}} = \frac{2\pi}{\omega_{\mathrm{II}}} = 2\pi\sqrt{\frac{4m}{k_{\mathrm{II}}}} = 2\pi\sqrt{\frac{4m \times 8h^3}{12EI}} = 2\pi\sqrt{\frac{mh^3}{3EI}} \times \sqrt{8}$$

したがって, 求める答えは,

$$T_{\mathrm{II}} = 2\pi\sqrt{\frac{mh^3}{3EI}} \times \sqrt{8} = T_{\mathrm{I}} \times 2\sqrt{2} = 2\sqrt{2}\,T_{\mathrm{I}}$$

となります.

【**問題 2.19（耐震設計法）**】耐震設計法に関する記述[ア]〜[エ]の正誤を答えなさい.

[ア] 1 次設計で用いた地震力によって, 建物各階に生じる層間変形角は 100 分の 1 以下とする.

[イ] 必要保有水平耐力を計算するときの標準せん断力係数 C_0 は 1.0 以上とする.

[ウ] 架構が靱性に富むほど, また, 減衰が大きいほど, 構造特性係数 D_S は大きくなる.

[エ] 地震層せん断力係数の高さ方向の分布を示す係数 A_i は, 建築物の上階になるほど大きくなる.

（国家公務員総合職試験[大卒程度試験]）

【**解答**】 [ア]＝誤（**層間変形角は 1/200 以下です**）, [イ]＝正（記述の通り, **必要保有水平耐**

力を計算するときの**標準せん断力係数**C_0は**1.0以上**とします．なお，必要保有水平耐力を計算するときは，大地震を想定した場合に対応します），[ウ]＝誤（架構が靭性に富むほど，また，減衰が大きいほど，**構造特性係数**D_sは小さくなります），[エ]＝正（建築物の上層に行くにしたがって大きく振動しますので，地震層せん断力係数の高さ方向の分布を示す係数A_iも上階になるほど大きくなります）

【**問題 2.20（耐震設計）**】わが国の建築物の耐震設計に用いる地震力に関する記述[ア]〜[エ]の正誤を答えなさい．

[ア] その地方における過去の地震の記録に基づく震害の程度，地震活動の状況および活断層からの距離に応じて定められる数値であるZは，1.0から0.8までの値をとる．

[イ] 建築物の振動特性を表すものとして，建築物の弾性域における固有周期および地盤の種類に応じて算出される数値であるR_tは，建築物の設計用一次固有周期Tが1.0秒の場合，硬質な地盤の方が軟弱な地盤より大きな値となる．

[ウ] 標準せん断力係数C_0は，許容応力度計算を行う場合は原則として0.2以上，必要保有水平耐力を計算する場合は1.0以上としなければならない．

[エ] 建築物の地下部分に作用する地震力を求める際に用いる水平震度kの下限値は，一般に，地表から深さ20mまでは一定の割合で低減し，20m以深では一定の値とする．

(国家公務員総合職試験[大卒程度試験])

【**解答**】[ア]＝誤（**地震地域係数**Zは1.0〜0.7で，最小の0.7は沖縄県です），[イ]＝誤（**振動特性係数**R_tは，建築物の設計用一次固有周期Tが1.0秒の場合，硬質な地盤の方が軟弱な地盤より小さな値となります），[ウ]＝正（記述の通りで，**標準せん断力係数**C_0は，許容応力度計算を行う場合は原則として0.2以上，必要保有水平耐力を計算する場合は1.0以上としなければなりません），[エ]＝正（記述の通りで，**水平震度**kの下限値は，一般に，地表から深さ20mまでは一定の割合で低減し，20m以深では一定の値とします）

【**問題 2.21（耐震設計）**】建築物の耐震設計に関する記述[ア]～[エ]の正誤を答えなさい.

[ア] 一定規模以上の鉄筋コンクリート造の建築物に設ける屋上から突出する水槽においては，風圧のみならず地震に対しても，構造耐力上安全であることを確かめる必要がある.

[イ] 建築物の各階に作用する地震層せん断力係数は，一般に，上階になるほど大きくなる.

[ウ] 耐震改修において，屋根を重量化することは，一般に，地震応答を低減させるために有効な手段である.

[エ] 鉄筋コンクリート構造において，柱の可撓長さを小さくすることは，一般に，靭性を向上させるために有効な手段である.

(国家公務員一般職種試験)

【**解答**】[ア]＝正（屋上から突出する水槽・煙突その他これらに類するものは，建設大臣の定める基準にしたがって風圧ならびに地震その他の震動および衝撃に対して，構造耐力上安全なものとしなければなりません），[イ]＝正（高さ方向の**地震層せん断力係数の分布係数** A_i は，地上の最下層では 1.0 で，上層にいくにしたがって大きく振動するので，値が大きくなります），[ウ]＝誤（屋根を軽くすると建物に作用する地震の力が減り，大地震時に壊れにくくなります），[エ]＝誤（靭性は"粘り強さ"のことです.また，"可撓性"は弾性変形のしやすさを表します.それゆえ，柱の可撓長さを小さくすると粘り強さが低減することになります）

第3章

建築材料

【問題3.1（木材）】木材に関する記述 [ア]〜[エ]の正誤を答えなさい.

[ア] 木表（きおもて）は，木裏（きうら）に比べて乾燥収縮が大きいので，木表側が凹に反る性質がある.
[イ] 建築基準法施行令では，木造の建築物について，「圧縮力を負担する筋かいは，厚さ 1.5cm 以上で幅 9cm 以上の木材を使用したものとしなければならない」とされている.
[ウ] 一般に，木材は辺材より心材の方が腐朽しにくく，耐犠性に優れている.
[エ] 木材の圧縮強度は，繊維方向が最も高く，続いて繊維方向に直交する放射方向，年輪に対する接線方向の順に強度が低くなっている.

(国家公務員総合職試験[大卒程度試験])

【解答】[ア]=正（記述の通りで，**木表側が凹に反る性質**があります），[イ]=誤（**圧縮力を負担する筋かいは，厚さ 3cm 以上で幅 9cm 以上の木材を使用しなければなりません**），[ウ]=正（記述の通り，**木材は辺材より心材の方が腐朽しにくく，耐犠性に優れています**），[エ]=正（木材のヤング係数は，「**繊維方向＞年輪の半径方向＞年輪の円周方向**」です．木材の引張強度も，「**繊維方向＞年輪の半径方向**（繊維方向に直交する放射方向）＞**年輪の円周方向**（年輪に対する接線方向）」の順になります）

●木表と木裏

　樹心に近い側を木裏，反対側を木表（1 本の木を板にした場合，断面の年輪を見て木の外側となる面のこと）と言います．木表は，木裏に比べて乾燥収縮が大きいので，木表側が凹に反る性質があります.

●筋かい

　建築基準法施行令では以下のように規定されています.
・**引張力を負担する筋かいは，厚さ 1.5cm 以上で幅 9cm 以上の木材**または径 9mm 以上の鉄筋を使用したものとしなければならない.
・**圧縮力を負担する筋かいは，厚さ 3cm 以上で幅 9cm 以上の木材**を使用したものとしなければならない.

【問題 3.2（鋼材）】鋼材に関する記述[ア]〜[エ]の正誤を答えなさい.

[ア] 鋼材に含まれる炭素量が増加するほど，鋼材の引張強さや伸びは大きくなる.

[イ] 降伏比の小さい鋼材を用いた鉄骨部材は，一般に塑性変形能力が小さい.

[ウ] 常温時において，鋼の線膨張係数は，コンクリートの線膨張係数のおよそ 10 倍である.

[エ] 鋼材の引張強さは温度により変化し，1,000℃ではほとんど 0 となる.

（国家公務員一般職種試験）

【解答】[ア]＝誤（鋼材は炭素量が増えると，引張強度・降伏点強度・硬度は増加しますが，伸びは減少し，溶接性は低下します），[イ]＝誤（**降伏比は「降伏比=降伏点/引張強さ」**で定義されます. たとえば，降伏比が高くて 100%の場合は，引張強さと降伏点に差がなく，伸び始めるとすぐに破断してしまうことを意味します），[ウ]＝誤（**鋼材の線膨張係数**は約 $1.0×10^{-5}$（1/℃）であり，この値はコンクリートの線膨張係数とほぼ等しい），[エ]＝正（鋼材の引張強度は 250〜300℃で最大となり，これを超えると温度の上昇とともに急激に低下します. さらに，500℃付近で半減，1,000℃でほぼ 0 となります）

【問題 3.3（建築構造用鋼材）】建築構造用鋼材に関する記述[ア]〜[エ]の正誤を答えなさい.

[ア] 鋼材は，100℃以上の高温において，温度の上昇とともに引張強さが減少する.

[イ] 鋼材は，炭素含有量が多くなるほど，破断に至るまでの伸びが小さくなる.

[ウ] 降伏比とは，降伏強さを引張強さで除したものをいう.

[エ] 鋼材は，引張強さが増加するにともない，ヤング係数も増加する.

（国家公務員一般職種試験）

【解答】[ア]＝誤（**鋼材の引張強度は 250〜300℃で最大**となり，これを超えると温度の上昇とともに急激に低下します），[イ]＝正（記述の通り，鋼材は，炭素含有量が多くなるほど，破断に至るまでの伸びが小さくなります），[ウ]＝正（記述の通り，**降伏比**とは，降伏強さを引張強さで除したものをいいます），[エ]＝誤（鋼材のヤング係数はどんな種類であっても，一定の 205kN/mm²=205GPa であり，引張強さが増加してもヤング係数は同じ値です）

【問題 3.4（内外装材）】わが国における建築物の内外装に用いる材料に関する記述[ア]～[エ]の正誤を答えなさい.

[ア] 合板は，単板の繊維方向を互いに直交させて積層接着したもので，このうち普通合板を，壁・天井・床などの下地材として用いた.

[イ] せっこうボードは，防火性および耐水性に優れているので，湿気の高い屋内の内壁下地に用いた.

[ウ] ALCパネルは，軽量で断熱性に優れているが，吸水率が大きいので，仕上材の選定に注意して外壁に用いた.

[エ] 大理石は，磨くと光沢が出て，耐酸性に優れているので，外装材に用いた.

（国家公務員総合職試験[大卒程度試験]）

【解答】[ア]＝**正**（**合板は**，**奇数枚の薄い単板で構成され**，**相接する単板の繊維方向が互いに直交するように接着したもので**，単板に比べて板の強度，狂いおよび伸縮が小さい. ちなみに，普通合板は従来から**ベニヤ板**といわれていた合板で，一般的な用途に広く使われています），[イ]＝**誤**（**せっこうボード**は，**水は厳禁で濡れると弱くなり**，**変形したり割れたりします**），[ウ]＝**正**（記述の通りです. **ALC パネル**は軽量で断熱性に優れていますが，吸水率が大きいので，屋根や外壁など外部に面する場所には，防水性の高い仕上げが必要です），[エ]＝**誤**（**大理石**は，御影石に比べて，軟らかくて加工しやすく，また，模様や色調が美しく，磨くと光沢が出るため，内装によく用いられている石材です. その反面，**大理石は酸性雨などに対する耐候性がなく**，長期間，雨風にさらされるような場所に大理石を使用すると，**すぐに光沢を失ってしまいます**）

●石膏（せっこう）ボード

石膏を主成分とした素材を板状にして特殊な板紙で包んだ建築材料です. 安価ですが非常に丈夫であり，断熱・遮音性が高く，壁や床を造る際には広く使われています. また，壁の防・耐火構造の材料として，あるいは柱や梁の耐火被覆材としても多用され，火災の延焼防止に効果を発揮しています. なお，**石膏ボードは**，**水は厳禁で濡れると弱くなり**，**変形したり割れたりします**.

●**ALC パネル**

ALC は"Autoclaved Lightweight aerated Concrete"（高温高圧蒸気養生された軽量気泡コンクリート）の頭文字をとって名付けられた建材で，板状に成型したものを **ALC** パネルと呼びます. ALC パネルは，耐火性・防火性・強度など建築物に求められる数多くの性能を高いレベルで満たすため，外壁材としてはもちろんのこと，床下地や間仕切り壁，屋根裏の下地および鉄骨建築用の耐火被覆など様々な建築部位に使われています.

【**問題 3.5（内外装材料）**】わが国における内外装材料等に関する記述[ア]〜[エ]の正誤を答えなさい.

[ア]　強化ガラスは，板ガラスを熱処理し，表面に圧縮層を形成したもので，板ガラスに比べ曲げ強度が高く，割れたときに破片が尖らずに粒状になる.

[イ]　ホモジニアスビニル床タイルは，ビニル樹脂などのバインダを30％以上含み，耐水性，耐摩耗性，耐薬品性に優れるが，耐熱性に劣る材料である.

[ウ]　ドロマイトプラスターは，主に内装に使われる材料で，主成分が水酸化マグネシウムであり，乾燥収縮が小さく，ひび割れが生じにくい.

[エ]　花こう岩は，火成岩に区分され，一般に，耐久性が低く，酸や雨水に弱いため内装用として用いられる.

（国家公務員総合職試験[大卒程度試験]）

【**解答**】[ア]＝正（記述の通り，**強化ガラス**は板ガラスを熱処理し，表面に圧縮層を形成したもので，板ガラスに比べ曲げ強度が高く，割れたときに破片が尖らずに粒状になります），[イ]＝正（記述の通り，**ホモジニアスビニル床タイル**は，塩化ビニール樹脂の配合率が30％以上のタイルで，耐水性・耐摩耗性・耐薬品性に優れていますが，耐熱性に劣る材料です. 意匠性が高く，色や柄のデザインが豊富で，コンポジションビニル床タイルと比べ柔らかいことから，住宅のキッチンや洗面室などの水廻りに利用されています. ちなみに，**コンポジションビニル床タイル**は，塩化ビニール樹脂の配合率が30%未満のタイルで，オフィス・店舗・学校など土足で歩き回るさまざまな場所で利用されています），[ウ]＝誤（**ドロマイトプラスター**は，通称「ドロプラ」とも呼ばれ，昭和30年代の学校や公共施設の内壁はほとんどがこのドロマイトプラスターでした. ドロマイトプラスターは，強度が高いことから収縮も大きく，ひび割れが広く発生します），[エ]＝誤（**花こう岩**は深成岩に区分され，耐久性・耐摩耗性・風化に強く，磨けば光沢があり，大変美しい材料です. わが国では，建築の内外装の化粧材として壁や床・カウンタートップなどに多く使用されています）

【問題3.6（建築材料）】建築材料に関する記述[ア]～[エ]の正誤を答えなさい.

[ア] 合板等の木質建材，塗料，接着剤等は，シックハウス症候群の原因となるホルムアルデヒドを発散するおそれがある建築材料として，その発散速度に応じて内装の仕上げ材としての使用が制限されている.

[イ] 断熱材には，主にグラスウールやロックウールなどの繊維系断熱材と，ポリスチレンフォームなどの発泡プラスチック系断熱材がある.

[ウ] 木材は，鉄やコンクリートに比べ，断熱性が低く，製造や加工に要するエネルギーも多い.

[エ] 建築物の解体工事において発生したコンクリート塊は，破砕し，再生骨材，路盤材等として再資源化を行った.

(国家公務員一般職試験)

【解答】[ア]＝正（記述の通り，合板等の木質建材，塗料，接着剤等は，**シックハウス症候群の原因となるホルムアルデヒド**を発散するおそれがある建築材料として，その発散速度に応じて内装の仕上げ材としての使用が制限されています），[イ]＝正（記述の通り，**断熱材**には，主にグラスウールやロックウールなどの繊維系断熱材と，ポリスチレンフォームなどの発泡プラスチック系断熱材があります），[ウ]＝誤（**木材**は，鉄やコンクリートに比べ，断熱性が高く，製造や加工に要するエネルギーも少ない.参考までに，熱伝導率が低いほど熱を通しにくく断熱性が高くなります），[エ]＝正（記述の通り，建築物の解体工事において発生したコンクリート塊は，再生骨材や路盤材等として**再資源化**が行われています）

●ポリスチレンフォーム

発泡プラスチック系の断熱材の一種です.ポリスチレンを主原料に発泡成型したボード状の断熱材で，吸水性・透湿性・熱伝導率が小さく，主に床や土間・外壁などに用いられます.

【問題 3.7（建築材料）】 建築材料に関する記述[ア]，[イ]，[ウ]の正誤を答えなさい．

[ア] コンクリートの調合において，単位セメント量は，水和熱および乾燥収縮によるひび割れを防止する観点から，できるだけ大きくすることが望ましい．

[イ] 鉄筋の継手は，原則として応力の小さいところで，かつ，常時はコンクリートに圧縮応力が生じている部分に設ける．

[ウ] 鋼材の完全溶け込み溶接は，突き合わせる部材の全断面が完全に溶接されなければならない．

（国家公務員総合職試験[大卒程度試験]）

【解答】[ア]＝誤（**単位セメント量は**，コンクリート $1m^3$ をつくるのに使うセメントの重量のことで，水和熱および乾燥収縮によるひび割れを防止する観点から，**できるだけ小さくすることが望ましい**），[イ]＝正（記述の通り，**鉄筋の継手**は，原則として応力の小さいところで，かつ，常時はコンクリートに圧縮応力が生じている部分に設けます），[ウ]＝正（記述の通り，鋼材の**完全溶け込み溶接**は，突き合わせる部材の全断面が完全に溶接されなければなりません）

【問題 3.8（建築材料）】 建築材料に関する記述[ア]～[エ]の正誤を答えなさい．

[ア] 大理石は，耐酸性にも優れているので，外装材に適している．

[イ] 木材の強度は，含水率が繊維飽和点以下の場合，含水率の低下に伴って減少する．

[ウ] せっこうラスボードは，せっこうプラスター塗壁の下地材として用いられる．

[エ] 合わせガラスは，2 枚以上の板ガラスの間に中間膜を挟んで接着し，破損時に破片が飛散することを防いだものである．

（国家公務員一般職種試験）

【解答】[ア]＝誤（**大理石**は酸性雨などに対する耐候性がなく，長期間，雨風にさらされるような場所に大理石を使用すると，すぐに光沢を失ってしまいます），[イ]＝誤（木材の強度は，含水率が繊維飽和点以上では含水率にかかわらずほぼ一定ですが，**繊維飽和点より低くなると収縮が始まり，強度が上がり始めます**），[ウ]＝正（**せっこうラスボード**は，塗壁の下地に使用される孔あき石こうボードのことです．左官材料の付着を良くするために孔があけられており，せっこうプラスターなどを塗った上にさまざまな上塗りが施されます），[エ]＝正（記述の通り，**合わせガラス**は，2 枚以上の板ガラスの間に中間膜を挟んで接着し，破損時に破片が飛散することを防いだものです）

【問題 3.9（建築材料）】建築材料に関する記述[ア]〜[エ]の正誤を答えなさい.

[ア] コンクリートの耐久性を確保するための材料および調合の条件として，単位水量の最大値，単位セメント量の最小値などが定められている.

[イ] 石材の表面仕上げにおけるブラスト仕上げとは，ジェットバーナーの熱で石材の表面をはく離させ，粗面に仕上げる加工である.

[ウ] 内部仕上げなどに用いられる造作材_{ぞうさくざい}として活用する木材の含水率は，建設現場搬入時において 20%を超えるものとする.

[エ] 飛散性アスベスト廃棄物などの廃石綿は，建設廃棄物のうち，特別管理産業廃棄物に分類される.

（国家公務員一般職種試験）

【解答】[ア]＝正（記述の通りで，単位水量の最大値，単位セメント量の最小値などが定められています），[イ]＝誤（ジェットバーナーの熱で石材の表面をはく離させ，粗面に仕上げる加工は**バーナー仕上げ**です. 参考までに，鉄粉を高圧で吹き付けて艶のある面を荒らし，滑りにくくした石材表面の加工法が**ブラスト仕上げ**です），[ウ]＝誤（**造作材**は，建築内部の仕上げ材・取り付け材の総称です. **木材の含水率**は，構造材は 20%以下，造作材は 15%以下となっています. 含水率が 20%以下なら十分な強度を得ることができますが，造作材は表面に近いところに使う材料で，強度より変形率の方が問題になり，含水率が 15%以下だとほとんど変形はなくなります），[エ]＝正（記述の通り，**飛散性アスベスト廃棄物**などの廃石綿は，建設廃棄物のうち，**特別管理産業廃棄物**に分類されています）

●石材の表面仕上げ

　石材の表面仕上げを以下にまとめておきます. なお，加工しない自然のままの石を"野づら"といいます.

(1) のみきり

　のみを用いて石面を粗く加工する方法.

(2) たたき

・ビシャン仕上げ

　面が硬質特殊合金のピラミッドになっている特殊なハンマー（ビシャン）で叩いて表面を凹凸に仕上げる加工.

・小たたき

　ビシャンたたきの後，さらにハンマーで平行線上の平坦な粗面を加える.

(3)　ウォータージェット仕上げ

　高圧の水を吹き付け，石材表面に滑らかな**粗面をつくる方法**．

(4) ショットブラスト仕上げ

　鉄粉を高圧で吹き付けて艶のある面を荒らし，滑りにくくした石材表面の加工法．この手法で文字や文様を描いたりします．

(5)（ジェット）バーナー仕上げ

　機械で切削仕上げした石の表面に冷却水を散布しながら，加熱用のバーナーで石の表面を焼射して石肌の結晶を弾かせて仕上げる（滑りにくいざらついた表面にする）加工法．

(6)スジ引き仕上げ

　石の表面をダイヤの歯で横に引き，直線ラインを付けるもの．ノンスリップの役目やスジの幅を変えることにより，模様を楽しむことができます．

(7)コブだし割肌仕上げ

　稜角の線，合端（石材などで互いに接した部分）の線などは正確に加工するが，その他の部分は野面（割肌）のままふくれた感じに仕上げるもの．

●特別管理産業廃棄物

　廃棄物処理法において，産業廃棄物のうち，爆発性・毒性・感染性その他の人の健康または，生活環境に係る被害を生ずる恐れがある性状を有するものを，**特別管理産業廃棄物**として指定し，他の産業廃棄物よりも厳格な基準によって処理されることとなっています．**飛散性アスベスト廃棄物**などの廃石綿は，建設廃棄物のうち，**特別管理産業廃棄物**に分類されています．

【問題 3.10（コンクリートの性質）】一般的なコンクリートの性質に関する記述[ア]〜[エ]の正誤を答えなさい.

[ア] アルカリ骨材反応とは，コンクリート中のアルカリ成分と骨材が反応して，より強度が増す現象である.

[イ] 単位水量が少ないほど，乾燥収縮は大きくなる傾向がある.

[ウ] 水セメント比が小さいほど，硬化したコンクリートの圧縮強度は大きくなる傾向がある.

[エ] 塩害や凍害に対する耐久性を確保するための方法として，水セメント比が小さいコンクリートの採用等があげられる.

（国家公務員一般職種試験）

【解答】[ア]＝誤（**アルカリ骨材反応**によって，コンクリート内部で局部的な体積膨張が生じ，コンクリートにひび割れが発生します. また，強度低下あるいは弾性の低下という物性の変化も生じます），[イ]＝誤（単位水量が少ないほど，**乾燥収縮**は小さくなる傾向があります），[ウ]＝正（記述の通り，水セメント比が小さいほど，硬化したコンクリートの圧縮強度は大きくなる傾向があります），[エ]＝正（記述の通り，塩害や凍害に対する耐久性を確保するための方法として，水セメント比が小さいコンクリートの採用等があげられます）

【問題 3.11（コンクリートの性質）】一般的なコンクリートの性質に関する記述[ア]〜[エ]の正誤を答えなさい. ただし，いずれの場合も施工は適正に行われるものとします.

[ア] 単位水量が少ないほど，乾燥収縮は大きくなる傾向がある.

[イ] 水セメント比が小さいほど，硬化したコンクリートの圧縮強度は大きくなる傾向がある.

[ウ] フレッシュコンクリートにAE剤を混和すると，流動性が向上し，スランプは小さくなる.

[エ] 打設後の気温が高いほど，硬化速度は遅くなる傾向がある.

（国家公務員一般職種試験）

【解答】[ア]＝誤（**単位水量**が少ないほど，乾燥収縮は小さくなります），[イ]＝正（記述の通り，**水セメント比**が小さいほど，硬化したコンクリートの圧縮強度は大きくなる傾向があります），[ウ]＝誤（フレッシュコンクリートにAE剤を混和すると，流動性が向上し，**スランプは大きくなります**），[エ]＝誤（打設後の気温が高いほど，硬化速度は速くなる傾向があ

りまず)

【問題 3.12（普通コンクリート）】 普通コンクリートの一般的な性質に関する記述［ア］〜
［エ］の正誤を答えなさい.

［ア］単位水量を大きくすると，乾燥収縮ひずみが大きくなる.
［イ］スランプとは，運搬，打込み，締固め，仕上げなどの施工作業性を表すものである.
［ウ］引張強度は，圧縮強度の 2/3 程度である.
［エ］クリープとは，一定の外力をかけたままにしておくと変形が増大する現象である.

(国家公務員総合職試験[大卒程度試験])

【解答】［ア］＝正（記述の通り，**単位水量**を大きくすると，乾燥収縮ひずみが大きくなりま
す），［イ］＝誤（**スランプ試験**は，フレッシュコンクリートのコンシステンシーを測定する方
法として最も広く用いられています），［ウ］＝誤（**引張強度は圧縮強度の 1/10 程度です**），［エ］
＝正（記述の通り，**クリープ**とは，一定の外力をかけたままにしておくと**変形が増大する現
象**です）

【問題 3.13（建築材料）】 建築材料に関する記述［ア］〜［エ］の正誤を答えなさい.

［ア］コンクリートは，気中養生したものより，水中養生したものの方が，強度の増進が期
　　　待できる.
［イ］鋼材の靱性は，切り欠きをもつ試験片に衝撃力を与えるシャルピー衝撃試験で計測で
　　　きる.
［ウ］鉄筋コンクリート用異形棒鋼 SD295A は，引張強さの下限値が 295N/mm² である.
［エ］木材の強度は，一般に，繊維飽和点以下の場合，含水率の低下に伴い低下する.

(国家公務員総合職試験[大卒程度試験])

【解答】［ア］＝正（記述の通り，コンクリートは，気中養生したものより，**水中養生**したも
のの方が強度の増進が期待できます），［イ］＝正（記述の通り，鋼材の靱性は，切り欠きをも
つ試験片に衝撃力を与える**シャルピー衝撃試験**で計測できます），［ウ］＝誤（異形棒鋼
SD295A の 295 は，引張強さの下限値ではなく，**降伏点強度**が 295N/mm² であることを表

しています），［エ］＝誤（乾燥が進行して含水率が**繊維飽和点**を下回ると，細胞壁中の結合水が除去され始めます．木材は，結合水がなくなった分だけ収縮し，強度的性質は増大します）

【問題 3.14（建築材料）】 わが国における建築材料に関する記述［ア］〜［エ］の正誤を答えなさい．

［ア］コンクリートの曲げ強度は，圧縮強度の約 1/20 である．
［イ］鋼材の線膨張係数は，常温において，普通コンクリートの線膨張係数の約 10 倍である．
［ウ］一般構造用圧延鋼材 SS400 は，引張強さの下限値が 400N/mm² である．
［エ］板目材の木表は，木裏に比べて乾燥収縮が大きいので，木表側に凹に反る性質がある．

（国家公務員総合職試験[大卒程度試験]）

【解答】［ア］＝誤（コンクリートの曲げ強度は，圧縮強度の 1/5〜1/8 程度です），［イ］＝誤（鋼材と普通コンクリートの線膨張係数は，ほぼ同じです），［ウ］＝正（記述の通り，一般構造用圧延鋼材 SS400 は，引張強さの下限値が 400N/mm² です），［エ］＝正（記述の通り，木の板は，**木表**（年輪の曲線が山になっている方）に向かって凹の形に変形します．ちなみに，板目とは，年輪に対して接線方向に製材したときの木目で，年輪がたけのこのような形になります）

【問題 3.15（鋼材）】 一般的な鋼材に関する記述［ア］〜［エ］の正誤を答えなさい．

［ア］鋼材を焼入れすると，引張強さが減少するが，靭性は向上する．
［イ］鋼材の線膨張係数は，常温において，普通コンクリートの線膨張係数の約 10 倍である．
［ウ］降伏比（＝降伏点/引張強さ）が高い方が，粘りのある鋼材である．
［エ］500℃における鋼材の引張強さは，常温におけるものよりも小さい．

（国家公務員総合職試験[大卒程度試験]）

【解答】［ア］＝誤（**焼入れ**は，鋼を熱したあとで水や油などを使って急冷し，鋼を硬くする熱処理のことです），［イ］＝誤（**鋼材の線膨張係数は約 1.0×10^{-5}（1/℃）であり，この値はコンクリートの線膨張係数とほぼ等しい**），［ウ］＝誤（降伏比が高くて 100% の場合は，引張強さ

と降伏点（降伏強度）に差がなく，伸び始めるとすぐに破断してしまうことを意味します），[エ]＝正（**鋼材の引張強度は250〜300℃で最大**となり，これを超えると温度の上昇とともに急激に低下します．さらに，500℃付近で半減，1,000℃でほぼ0となります）

【問題3.16（建築用ガラス）】建築用のガラスに関する記述[ア]〜[エ]の正誤を答えなさい．ただし，いずれの場合も施工は適正に行われるものとする．

[ア] 複層ガラスは，通常，2枚の板ガラスの間に，乾燥状態に保たれた空気が密封された中空層を設けることにより，断熱効果を高めたガラスである．

[イ] 強化ガラスは，ガラスを軟化点近くまで加熱した後に表面を急冷することにより曲げ強度を高めたガラスで，熱処理後の加工も容易である．

[ウ] 熱線反射ガラスは，ガラスへの着色により，日射エネルギーを吸収して室内への流入を防ぎ，冷房効果を高める板ガラスである．

[エ] 型板ガラスは，ガラスの片側表面に型模様のあるガラスであり，光を柔らかく拡散し，視線を適度に遮（さえぎ）る．

（国家公務員一般職種試験）

【解答】[ア]＝正（**複層ガラス**は，スペーサーと呼ばれる金属部材で，**2枚のガラスの間に空気層を設けたガラス**のことをいいます．2枚のガラスの間に薄く空気層を挟み込むことによって**断熱性能**を向上させ，部屋の内外の温度差が原因となる結露などを減少させることができます．また，**防音効果**にも優れています），[イ]＝誤（**強化ガラス**は，板ガラスを約700℃まで加熱した後，ガラス表面に空気を吹きつけ，急冷することによって生成されます．同じ厚さのガラスに比べて3〜5倍の静的強度がありますが，**製造後の切断・穴あけ・面取りなどの加工は一切できません**．破損しても，破片は細かな粒状になります），[ウ]＝誤（**熱線反射ガラス**は，片面に金属酸化物の反射薄膜を焼き付けたガラスで，**可視光線や日射エネルギーを遮る**ため，冷房負荷の軽減効果を有しています），[エ]＝正（**型板ガラス**は，2本のロールの間に溶けたガラスを直接通して板にする方法により**片面に型模様を付けたガラス**で，透過する光を拡散するとともに，視線を適度に遮る効果を有するため，室内の間仕切りや浴室などに用いられています）

【問題 3.17（建築材料）】 建築材料に関する記述[ア]〜[エ]の正誤を答えなさい．

[ア] 複層ガラスは，複数枚の板ガラスを，隙間を空けて固定し，その隙間に乾燥した空気またはガスを封入したものであり，断熱性能が高い．

[イ] 強化ガラスは，同厚のフロート板ガラスの 3〜5 倍程度の強度をもち，熱処理後も加工ができるため，複雑な形状の開口部に使用することができる．

[ウ] ALC パネルは，加工が容易である反面，材質が軟らかくもろいため，隅部の欠けや割れに注意が必要である．

[エ] 木材の繊維方向においては，圧縮強度の方が曲げ強度よりも大きい．

（国家公務員一般職種試験）

【解答】 [ア]＝正（記述の通り，**複層ガラス**は，複数枚の板ガラスを，隙間を空けて固定し，その隙間に乾燥した空気またはガスを封入したものであり，断熱性能が高いのが特徴です），[イ]＝誤（**強化ガラス**は，同じ厚さのガラスに比べて 3〜5 倍の静的強度がありますが，**製造後の切断・穴あけ・面取りなどの加工は一切できません**），[ウ]＝正（**ALC** は軽量気泡コンクリートのことです．工場で ALC にタイル張りした ALC パネルは，加工が容易である反面，材質が軟らかくもろいため，隅部の欠けや割れに注意が必要です），[エ]＝誤（木材の基準強度（繊維方向）の大小関係は，**「曲げ強さ＞圧縮強さ＞引っ張り強さ＞せん断強さ」**です）

【問題 3.18（ガラス工事）】わが国の建築物におけるガラス工事に関する記述[ア]〜[エ]の正誤を答えなさい.

[ア] 強化ガラスは，板ガラスを熱処理して破壊強さを増加させ，かつ，破損したときに細片となるようにしたものである.
[イ] 網入板ガラスは，製造時に金属製の網をガラス内部に挿入したものであり，防火設備として使用することができる.
[ウ] 複層ガラスは，2枚以上の板ガラス等を一様の間隙をおいて並置し，その間隙に湿潤空気を満たしてその周辺を封止したものである.
[エ] Low−E ガラス（低放射ガラス）は，常温付近の物体から放射される赤外線を反射するコーティングを施したものであり，複層ガラスに用いてはならない.

(国家公務員総合職試験[大卒程度試験])

【解答】 [ア]＝正（記述の通りで，**強化ガラス**は，板ガラスを熱処理して破壊強さを増加させ，かつ，破損したときに細片となるようにしたものです），[イ]＝正（記述の通りで，**網入板ガラス**は，製造時に金属製の網をガラス内部に挿入したものであり，防火設備として使用することができます），[ウ]＝誤（**複層ガラス**は，スペーサーと呼ばれる金属部材で，2枚のガラスの間に**乾燥空気を閉じ込めたガラス**のことをいいます．2枚のガラスの間に薄く空気層を挟み込むことによって**断熱性能**を向上させ，部屋の内外の温度差が原因となる結露などを減少させることができます．また，**防音効果**にも優れています），[エ]＝誤（**Low-E ガラス**を複層ガラスに使用することで，中空層の放射による熱伝達を低減し，高断熱性能を実現させることができます）

【**問題 3.19（建築材料）**】わが国の建築物における内外装に用いる材料に関する記述[ア]
～[エ]の正誤を答えなさい.

[ア] 強化ガラスは，板ガラスを熱処理し，表面に強い圧縮応力層を形成したもので，板ガ
　　　ラスに比べ強度が高く，割れたときに破片が尖らず粒状になる.

[イ] 花こう岩は，変成岩に区分され，一般に，耐久性が小さく，酸や雨水に弱いため内装
　　　用として用いられている.

[ウ] 磁器質タイルは，緻密で硬く吸水率が低いため，外壁や床をはじめ広い部位に用いら
　　　れている.

[エ] 漆喰は，海や湖などに生息していた植物性プランクトンの死骸が堆積してできた土層
　　　から採取されたもので，吸放湿性に優れている.

（国家公務員総合職試験[大卒程度試験]）

【**解答**】[ア]＝正（記述の通り，**強化ガラス**は，板ガラスを熱処理し，表面に強い圧縮応力
層を形成したもので，板ガラスに比べ強度が高く，割れたときに破片が尖らず粒状になりま
す），[イ]＝誤（御影石とも呼ばれる**花こう岩**は，耐久性・耐摩耗性・風化に強く，磨けば光
沢があり，大変美しい材料です），[ウ]＝正（記述の通り，**磁器質タイル**は，緻密で硬く吸水
率が低いため，外壁や床をはじめ広い部位に用いられています），[エ]＝誤（**漆喰**は，「水酸
化カルシウム（消石灰）に砂，海藻のり，すさ（繊維質のつなぎ材）を混合して水で練った
もの」で，壁や天井の仕上げに使用します）

第4章

一般構造

【問題 4.1（基礎構造および地盤）】わが国における建築物の基礎構造および地盤に関する記述[ア]～[エ]の正誤を答えなさい.

[ア] 一般に，一つの建築物において，異なる基礎形式を採用することは，建築物の不同沈下を防止する上で有効である.

[イ] 一般に，古い時代に形成された地盤は良質で強いものが多く，沖積層よりも洪積層の方が建築物を支持するのに適している.

[ウ] 一般に，杭基礎の許容支持力は，杭の支持力に基礎スラブ底面における地盤の支持力を加えて算定する.

[エ] 礫とは，粒径が 2.0mm～75mm の土粒子のことである.

(国家公務員一般職種試験)

【解答】[ア]＝誤（**不同沈下による障害**を防止するためにも，異種杭の混用は原則として避けることが望ましい），[イ]＝正（記述の通り，一般に，古い時代に形成された地盤は良質で強いものが多く，**沖積層**よりも**洪積層**の方が建築物を支持するのに適しています），[ウ]＝誤（**杭の許容支持力**は，地盤の極限支持力と杭体の許容応力度から定め，基礎スラブ底面の地盤の支持力は考慮しないことになっています），[エ]＝正（記述の通り，**礫**とは粒径が 2.0mm～75mm の土粒子のことをいいます）

【**問題 4.2（木造建築物）**】わが国における木造建築物に関する記述[ア]〜[エ]の正誤を答えなさい．ただし，2 階建てかつ在来軸組工法の木造建築物には，建築基準法施行令第 46 条第 4 項が適用されるものとします．

[ア] 木材は，繊維と直交方向に作用する圧縮力に対しては強度が小さく，めり込みが生ずる．このため，このような外力状態となる部位に木材を使用してはならない．

[イ] 2 階建てかつ在来軸組工法の木造建築物においては，耐力壁の仕様と長さから存在壁量を計算し，これを風圧力や地震力に対する必要壁量以上とする必要があるが，風圧力に対する必要壁量と地震力に対する必要壁量では計算方法が異なる．

[ウ] 2 階建てかつ在来軸組工法の木造建築物においては，各階の偏心率を確認しない場合，耐力壁をつり合いよく配置するため，各階において，建築物の張り間方向にあってはけた行方向の，けた行方向にあっては張り間方向の両端からそれぞれ 1/5 の部分について，壁量充足率が 1 を超えることおよび壁率比が 0.5 以上であることを常に確認する必要がある．

[エ] 木造建築物に採用される免震部材や制振部材は，中小地震によって生ずる建築物の揺れを低減させることを目的としており，その効果を十分発揮させるために，耐震壁をできる限り設けない設計とする必要がある．

(国家公務員総合職試験[大卒程度試験])

【**解答**】[ア]＝誤（木材は，繊維方向に圧縮されることには強く，繊維方向と直交する方向から圧縮されることに対しては弱い材料です．ただし，構造用製材や集成材等のめり込みに対する基準強度は規定されており，「めり込みが生ずるため，このような外力状態となる部位に木材を使用してはならない」という記述内容は誤りです），[イ]＝正（地震力による荷重は，屋根の重さや床面積に比例します．一方，風圧力による荷重は，張り間方向・けた行方向の見付面積に比例します．このように，地震力による荷重を計算する基準と風圧力による荷重を計算する基準は全く異なっており，必要壁量の計算方法も異なります），[ウ]＝誤（木造住宅の**偏心率**は 0.30 以下でなければなりませんので，この記述は誤りです．なお，建築基準法では，高さ 13m 超または軒の高さ 9m 超の木造建築物をはじめとする特定建築物に対して，「偏心率は 15/100 を超えないこと」と定めています），[エ]＝誤（**免震部材**は，大地震による建物の倒壊を防ぐのはもちろん，繰り返す余震のたびに構造にかかる負担を大幅に軽減することで，建物の変形や耐震性能の劣化をおさえることができます）

【問題 4.3（鉄筋コンクリート構造）】鉄筋コンクリート構造に関する記述[ア]〜[エ]の正誤を答えなさい.

[ア] コンクリートのスランプを大きくすることは，一般に，耐久性の向上につながる.
[イ] 柱の帯筋は，せん断補強，帯筋で囲んだコンクリートの拘束および主筋の座屈防止に有効である.
[ウ] 変形能力のある建物とするため，部材が曲げ降伏する前にせん断破壊するように設計した.
[エ] 地震時に水平力を受ける柱の曲げひび割れは，一般に，柱頭および柱脚に発生しやすい.

(国家公務員一般職種試験)

【解答】[ア]＝誤（**スランプを大きくすると，コンクリートが材料分離しやすくなり，耐久性の低下などの悪影響が生じてきます**），[イ]＝正（記述の通り，**柱の帯筋**は，せん断補強，帯筋で囲んだコンクリートの拘束および主筋の座屈防止に有効です），[ウ]＝誤（柱および梁のじん性を確保するために，**部材がせん断破壊する以前に曲げ降伏するように設計します**），[エ]＝正（記述の通り，地震時に水平力を受ける**柱の曲げひび割れ**は，**曲げ応力の大きい柱の頭部・脚部に発生しやすい**）

【問題 4.4（鉄骨構造）】鉄骨構造に関する記述[ア]〜[エ]の正誤を答えなさい.

[ア] 水平力を負担する筋かい（ブレース）は，筋かいの軸部が降伏する前に，その筋かいの端部および接合部が破断しないよう設計する.
[イ] 圧縮力を受けている部材の許容圧縮応力度は，細長比が大きいほど大きくなる.
[ウ] 圧縮力を受けている薄板状断面の部材においては，幅厚比を大きくすると，局部座屈が生じにくくなる.
[エ] 大梁に適切な間隔で小梁を設けることは，大梁の横座屈の防止において有効である.

(国家公務員一般職種試験)

【解答】[ア]＝正（記述の通り，水平力を負担する**筋かい**（ブレース）は，筋かいの軸部が降伏する前に，その筋かいの端部および接合部が破断しないよう設計します），[イ]＝誤（**圧縮材の座屈の許容応力度は，その材の有効細長比が小さいほど大きくなります**），[ウ]＝誤（「**幅厚比＝幅 *b*/厚み *t*** 」です．したがって，幅厚比を大きくすると断面は相対的に薄くな

り，局部座屈が生じやすくなります），［エ］＝正（記述の通り，大梁に適切な間隔で小梁を設けることは，大梁の**横座屈**の防止において有効です）

【問題 4.5（鉄骨工事）】 わが国の建築物における鉄骨工事に関する記述［ア］〜［エ］の正誤の組合せとして最も妥当なものを解答群から選びなさい．

［ア］完全溶込み溶接の突合せ継手の余盛り高さについては，1mm であったので，許容差の範囲内とした．

［イ］完全溶込み溶接部の内部欠陥の検査については，浸透探傷試験により行った．

［ウ］スタッド溶接の打撃曲げ試験により，15°まで曲げたスタッドであっても，欠陥のないものについては，曲がったまま使用した．

［エ］梁端溶接部の裏当て金について，本溶接によって再溶融されない組立て溶接を，梁フランジおよび柱フランジ母材に直接行った．

	［ア］	［イ］	［ウ］	［エ］
1.	正	正	誤	誤
2.	正	誤	正	誤
3.	正	誤	誤	正
4.	誤	正	正	誤
5.	誤	正	誤	正

（国家公務員総合職試験[大卒程度試験]）

【解答】 ［ア］＝正（突合せ溶接継手は通常 **3mm 以下の余盛**をつけます），［イ］＝誤（完全溶込み溶接部の内部欠陥の検査については，特記の無い場合，**超音波探傷試験**により行います．ちなみに，**浸透探傷試験**は，表面欠損の検査に用いられるものです），［ウ］＝正（スタッド溶接部の打撃検査は，スタッド 100 本か主要部材となるスタッド 1 本または溶接機 1 台で溶接したスタッド本数のいずれか少ない方を 1 ロットとし，1 ロットにつき，1 本に対して打撃します．**曲げ角度 15°で溶接部に割れその他の欠陥が生じない場合には合格**とし，欠陥が発生しない限り，スタッドは曲げたままで構いません），［エ］＝誤（現場溶接などで，裏当て金が梁フランジの外側に取り付く場合など，本溶接によって再溶融されない組み立て溶接は，梁フランジ，柱フランジ母材に直接行ってはならないこととなっています）

　以上より，正解は **2** となります．

【問題 4.6（鉄骨工事）】 鉄骨工事に関する記述[ア]～[エ]の正誤を答えなさい.

[ア] トルシア形高力ボルトの締め付け検査において, 締め付けの完了したボルトのピンテールが破断していないものを合格とする.

[イ] 高力ボルト摩擦接合部の摩擦面には, さび止め塗装を行わない.

[ウ] 溶接作業場所の気温が-10℃を下回る場合は, 溶接前に接合部から 100mm の範囲を適切な方法で加熱してから溶接を行う.

[エ] 鉄骨の曲げ加工を加熱加工で行う場合は, 赤熱状態（850℃～900℃）で行う.

（国家公務員一般職種試験）

【解答】 [ア]＝誤（**トルシア形高力ボルト**は頭が丸く, 先端のピンテールと呼ばれる部分が必要な締め付けトルクが得られると破断するようになっているボルトのことです. ピンテールの破断で締付力を確認できるので, 締め付けトルクを測定する必要がありません）, [イ]＝正（**高力ボルト摩擦接合部**の許容せん断応力度は, **すべり係数を 0.45** として定められています. それゆえ, すべり係数が低減しないように, 摩擦面にさび止め塗装を行ってはいけません）, [ウ]＝誤（**気温が-5℃を下回る場合は溶接作業を行ってはいけません**. 一方, 気温が-5～5℃の範囲内においては, 接合部から 100mm 程度を余熱する必要があります）, [エ]＝正（鋼材の**曲げ加工**は, 常温または過熱加工とします. 加熱加工の場合は, 赤熱状態(850℃～900℃)で行い, 青熱ぜい性域(200℃～400℃)で行ってはいけません. 理由は, 青熱ぜい性域では, 引っ張り強さ・硬さが最大となりますが, 伸びが減少してもろくなるからです. ちなみに, 青熱ぜい性と呼ばれるのは, この温度範囲で, 青い酸化皮膜が表面に形成されるためです）

【問題 4.7（鉄骨工事）】 わが国の建築物における鉄骨工事に関する記述[ア]～[エ]の正誤を答えなさい.

[ア] トルシア形高力ボルトは, ピンテールが破断しないように締め付けた.

[イ] 隅肉溶接において, 溶接時に溶接金属が溶け落ちないように, 裏当て金を用いた.

[ウ] 溶接は, 治具を使用して下向きの姿勢で行った.

[エ] 建入れ直しは, 建方の進行とともに, できるだけ小区画に区切って行った.

（国家公務員総合職試験[大卒程度試験]）

【解答】 [ア]＝誤（**トルシア形高力ボルト**は, 頭が丸く先端のピンテールと呼ばれる部分が

必要な締め付けトルクが得られると破断するようになっているボルトのことです．ピンテールの破断で締付力を確認できるので，締め付けトルクを測定する必要がありません），[イ] ＝誤（片側から溶接する場合，溶着金属が下に流れ落ちないように，裏側に**裏当て金**を用います．用いるのは突き合わせ溶接で，隅肉溶接では用いません），[ウ]＝正（**溶接は下向きで行った場合に最もよい結果**が得られます），[エ]＝正（鉄骨の柱を建てたとき，垂直度が少し悪い場合に垂直に直すことを**建入れ直し**といいます．建入れ直しは，建方の進行とともに，できるだけ小区画に区切って行うのが良いとされています．また，必ず**建入れ直し専用のワイヤーロープ**を使って行い，ターンバックル付き筋かいは使用してはいけません）

【問題 4.8（耐用年数）】 建築物の耐用年数に関する記述[ア]～[エ]の正誤を答えなさい．

[ア] 構造的耐用年数は，鉄筋コンクリート造の場合にはコンクリートの中性化，鉄骨造の場合には腐食，木造の場合には腐朽，虫害などによって決まる年数のことである．

[イ] 経済的耐用年数とは，維持費，修理費，諸経費などが著しく増加して，使用や経営を続けることが困難になるまでの年数のことである．

[ウ] 設備的耐用年数とは，給排水などの設備が使用不能となり，技術的，経済的理由から修理もできないという状態になるまでの年数のことである．

[エ] 法定耐用年数とは，税法上の減価償却額を算定するために定められている年数のことであり，木造の事務所の方が，鉄筋コンクリート造の事務所より法定耐用年数は長い．

（国家公務員総合職試験[大卒程度試験]）

【解答】 [ア]＝正（記述の通りで，**構造的耐用年数**は，鉄筋コンクリート造の場合にはコンクリートの中性化，鉄骨造の場合には腐食，木造の場合には腐朽，虫害などによって決まる年数のことです），[イ]＝正（記述の通りで，**経済的耐用年数**とは，維持費，修理費，諸経費などが著しく増加して，使用や経営を続けることが困難になるまでの年数のことです），[ウ] ＝正（記述の通りで，**設備的耐用年数**とは，給排水などの設備が使用不能となり，技術的，経済的理由から修理もできないという状態になるまでの年数のことです），[エ]＝誤（**法定耐用年数**の説明は正しいですが，法定耐用年数は鉄筋コンクリート造の事務所の方が木造の事務所より長い）

第5章

建築施工

【問題5.1（ネットワーク工程表）】図（問題5-1）のネットワーク工程表に関する記述[ア]～[エ]の正誤を答えなさい.

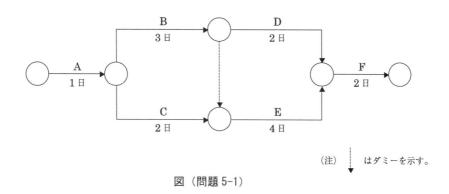

(注) ↓ はダミーを示す.

図（問題5-1）

[ア] 工事全体は最短8日で終了する.

[イ] B作業が終了しなければ，D作業およびE作業は開始できない.

[ウ] D作業の所要日数を2日延長しても，工事全体の作業日数は変わらない.

[エ] B作業の所要日数を2日短縮すると，工事全体の作業日数を2日短縮することができる.

（国家公務員一般職種試験）

【解答】[ア]＝誤（**ダミー作業**があり，作業Eは作業Bが終了しないと開始できません. したがって，工事全体の日数は，ABEF作業を計算して，1日＋3日＋4日＋2日=10日です），[イ]＝正（B作業が終了しなければ，D作業は開始できません. また，ダミー作業がありますので，E作業はC作業だけでなく，B作業が終了しなければ開始できません），[ウ]＝正（D作業の所要日数を2日延長すると，ABDFは，1日＋3日＋4日＋2日=10日です. 一方，工事全体の日数は，ABEF作業を計算して，1日＋3日＋4日＋2日=10日です），[エ]＝誤（B作業の所要日数を2日短縮すると，ACEF作業を計算して1日＋2日＋4日＋2日=9日となり，1日しか短縮されません）

【問題 5.2（材料の保管）】工事現場における材料の保管に関する記述[ア]～[エ]の正誤を答えなさい.

[ア] コンクリート型枠用合板は，直射日光を当て，十分に乾燥させてから保管する.
[イ] ガラスは，振動等による倒れを防止するため，屋内に平置きとする.
[ウ] 木材は，腐朽しないように，通風に注意し野積みを避ける.
[エ] アスファルトルーフィングは，屋内の乾燥した場所に縦置きとする.

(国家公務員一般職種試験)

【解答】[ア]＝誤（コンクリート型枠用合板は，長期間，直射日光にさらさないように注意しなければなりません），[イ]＝誤（ガラスは，振動等による倒れを防止し，屋内に縦置きにして保管します），[ウ]＝正（記述の通り，木材は，腐朽しないように，通風に注意し野積みを避けるようにします），[エ]＝正（**アスファルトルーフィング**は，板紙にアスファルトをしみこませた建築用の防水材料であり，記述の通り，屋内の乾燥した場所に縦置きとします）

【問題 5.3（塗装工事）】わが国の建築物における塗装工事に関する記述 [ア]～[エ]の正誤の組合せとして最も妥当なものを解答群から選びなさい.

[ア] フローリング表面の仕上げについては，1 液形のウレタン樹脂ワニス塗りとした.
[イ] けい酸カルシウム板面の素地ごしらえについては，穴埋めやパテかいを行った後に，吸込み止めとして反応形合成樹脂ワニスを全面に塗った.
[ウ] クリヤラッカー塗りにおいて，相対湿度が 90％であったので，リターダーを多めに用いた.
[エ] 合成樹脂エマルションペイントを，建築物内外部の木部や，鉄鋼面に使用した.

	[ア]	[イ]	[ウ]	[エ]
1.	正	正	誤	正
2.	正	誤	正	正
3.	正	誤	誤	誤
4.	誤	正	正	誤
5.	誤	正	誤	正

(国家公務員総合職試験[大卒程度試験])

【解答】合成樹脂エマルションペイントは水性塗料のため，作業性に優れ，乾燥も速いとい

う特徴がありますが，**金属面には適していません**．このことを知っていれば，[エ]の記述は誤となり，正解は 3 か 4 のいずれかとなります．3 と 4 の[ア]，[イ]，[ウ]は正誤がすべて異なっていますので，[ア]，[イ]，[ウ]のどれかの記述に対して知識があれば，正解を見つけ出すことができます．

　[ア]＝正（**ウレタン樹脂ワニス**は硬くて耐水・耐摩耗性にすぐれ，光沢・半光沢などの表現ができる高級な塗装です．1 液形はフロアータイプで，床などで使用される場合が多い），[イ]＝誤（**けい酸カルシウム板**は，消石灰，珪藻土，石綿に水を混ぜて練り合わせたもので，耐火性に優れ，比重が軽いため幅広い用途で使われている材料です．内装工事での使用場所は，「火を使うキッチンまわり」などです．**反応形合成樹脂ワニス**は，コンクリートおよび押出成形セメント面の下地調整に使用されるものです．参考までに，"パテかい"とは，塗装の素地・下地の不陸や目違い・きずにパテをへらで塗りつけて平らにすることをいいます），[ウ]＝誤（**リターダー**は，**塗料に混入させて塗膜の乾燥を遅らせる遅延剤**です．それゆえ，「相対湿度が 90％であったので，リターダーを多めに用いた」という記述は誤りです）

　以上のいずれかを知っていれば，正解の 3 が得られます．

【問題 5.4（塗装の施工）】塗装の施工に関する記述[ア]～[エ]の正誤を答えなさい．

[ア]　塗装場所の相対湿度が 85％以上の場合には，塗料の乾燥に不適当なので，原則として作業を行わない．

[イ]　塗装の仕上がりを良好とするためには，塗装の前に塗装対象の汚れや付着物を取り去った方がよい．

[ウ]　塗料を塗り重ねる場合は，下層の塗装終了後，直ちに次の層を塗り重ねるとよい．

[エ]　吹付け塗装においては，スプレーガンの運行速度を一定とし，1 回ごとの吹付け幅が重ならないように吹き付けるとよい．

（国家公務員一般職種試験）

【解答】[ア]＝正（塗装場所の**気温が 5℃以下**，**相対湿度が 85％以上**または換気が適切でなく結露するなど塗料の乾燥に不適当な場合は，原則として塗装を行ってはいけません），[イ]＝正（記述の通り，塗装の仕上がりを良好とするためには，塗装の前に塗装対象の汚れや付着物を取り去った方がよい），[ウ]＝誤（2 層目以降の塗装では，次に塗り重ねる前に，塗装系で規定する塗装間隔の範囲内で，塗膜を指触検査し，**半硬化乾燥状態**を確認できたときに，塗り重ねて良い状態であると判断します），[エ]＝誤（スプレーガンを横にスライドさせながら塗装していく場合，一定の太さの帯状に塗り重ねていきますが，この帯と帯とを重ねる幅は，その帯の太さの 1/3 が標準です）

【問題 5.5（建築施工）】 建築施工に関する記述[ア]〜[エ]の正誤を答えなさい.

[ア] 強化ガラスのサイズを調整するために，建設現場への搬入後に切断した.
[イ] 大面積の壁面の塗装を行うにあたり，大量の塗料の補充が必要となったため，調合は建設現場で色合わせをしながら行った.
[ウ] 建設現場で鉄筋を加工するにあたり，施工の容易性を勘案し熱処理して折り曲げた.
[エ] コンクリートの打込みにあたって，同一打込み工区には，2つ以上のレディーミクストコンクリート製造工場のコンクリートを混合使用しないようにした.

（国家公務員一般職種試験）

【解答】 [ア]＝誤（**強化ガラスは，製造後の切断・穴あけ・面取りなどの加工は一切できません**），[イ]＝誤（現場調合は品質のばらつきが生じますので，色については色見本で確認のうえ，**マンセル記号**で記録しておくことが大切です．なお，大面積になると，小面積の色見本と明暗彩度が異なって見えたりすることがありますが，これを**色の面積効果**といいます），[ウ]＝誤（鉄筋は熱処理をすると鋼材としての質が下がるため，熱を加えてはいけません），[エ]＝正（記述の通り，コンクリートの打込みにあたって，同一打込み工区には，2つ以上のレディーミクストコンクリート製造工場のコンクリートを混合使用してはいけません）

【問題 5.6（建築工事）】 わが国の建築工事における普通コンクリートの施工に関する記述[ア]〜[エ]の正誤を答えなさい.

[ア] 壁面全体にコンクリートを充填させるため，型枠内部でコンクリートを横流しした.
[イ] 床スラブのひび割れ防止対策として，コンクリート表面をシートで覆った.
[ウ] コンクリートを締め固めるために用いる棒形振動機の挿入間隔を90cm程度とした.
[エ] コンクリートの打継ぎ面にたまったレイタンスを取り除いた.

（国家公務員総合職試験[大卒程度試験]）

【解答】 [ア]＝誤（型枠内部でのコンクリートの**横流しは避けないといけません**），[イ]＝正（コンクリート表面をシートで覆うのは床スラブのひび割れ防止対策の一つです），[ウ]＝誤（**棒形振動機の挿入間隔は60cm程度以下**です），[エ]＝正（コンクリート表面に**レイタンス**が存在する状態でコンクリートを打ち継ぐと，コンクリート同士の付着性を阻害し，ひび割れの原因となることが多いので取り除く必要があります）

【**問題** 5.7（**コンクリート工事**）】わが国における建築物のコンクリート工事に関する記述［ア］〜［エ］の正誤を答えなさい．

［ア］コンクリートの練混ぜから打込み終了までの時間は，外気温が 25℃未満の場合は 120 分以内を原則とする．
［イ］スラブ下および梁下の支保工の存置期間は，コンクリートの圧縮強度が 5N/mm² 以上となるまでとする．
［ウ］コンクリートを締め固めるために用いる棒形振動機の挿入間隔は 60cm 以下とし，上面にペーストが浮くまで振動を加える．
［エ］構造体コンクリートの 1 回の圧縮強度試験の供試体は，1 台の運搬車から，3 個を一度にまとめて採取する．

（国家公務員総合職試験［大卒程度試験］）

【**解答**】［ア］＝正（コンクリートの練混ぜから打込み終了までの時間の限度は，外気温が 25℃未満のときは 120 分，25℃以上の時は 90 分と定められています．これは，コンクリートを練混ぜてからの時間の経過にともなって，スランプの低下や空気量の低下，コンクリートの温度上昇が生じ，打込み欠陥の発生やコンクリートの耐久性を損ねることになるからです），［イ］＝誤（支保工の最小存置期間はコンクリートの材齢または圧縮強度により定められています．圧縮強度による場合，スラブ下では圧縮強度が設計基準強度の 85%以上，または 12 N/mm² 以上かつ構造計算により安全であることを確認する必要があります．また，梁下では，圧縮強度が設計基準強度の 100%以上かつ構造計算により安全を確認することになっています），［ウ］＝正（記述の通り，コンクリートを締め固めるために用いる**棒形振動機の挿入間隔は 60cm 以下**で，上面にペーストが浮くまで振動を加えます），［エ］＝誤（普通コンクリートでは，適切な間隔をあけた「3 台の運搬車」から 1 個ずつ採取し，合計 3 個の供試体を作製することになっています）

98

【問題 5.8 （鉄筋コンクリートの施工）】鉄筋コンクリートの施工に関する記述[ア]〜[オ]の正誤を答えなさい．

[ア] スペーサーは，鉄筋のかぶり厚さを保つために用いるものであり，使用部位や所要かぶり厚さに応じて，適切なものを使用する．

[イ] コンクリートの乾燥収縮によるひび割れの発生を完全に防止することは難しいため，あらかじめ適切な位置にひび割れ誘発目地を設置し，ひび割れを目地内に発生させる．

[ウ] 気泡，豆板，不充填部等の欠陥を生じさせないためには，振動機等を用いてコンクリートを十分締め固め，密実なコンクリートとすることが大切である．

[エ] コンクリートの打継ぎはできるだけ少なくし，応力の小さいところで打ち継ぐことが基本であるから，梁の場合においては，梁の付け根の部分で打継ぎをすることが望ましい．

[オ] コンクリート養生においては，常に水分を与えることが重要であるが，温度については特に考慮する必要はない．

(国家公務員一般職種試験)

【解答】[ア]＝正（記述の通り，**スペーサー**は，鉄筋のかぶり厚さを保つために用いるものであり，使用部位や所要かぶり厚さに応じて，適切なものを使用します），[イ]＝正（**ひび割れ誘発目地**とは，簡単に言うと，「断面の一部を欠損させ，その部分にひび割れを集中して発生させるための手法」のことで，この記述は正しい），[ウ]＝正（記述の通り，気泡，豆板，不充填部等の欠陥を生じさせないためには，振動機等を用いてコンクリートを十分締め固め，密実なコンクリートとすることが大切です），[エ]＝誤（梁・床スラブの鉛直打継目の位置は，せん断力が小さくなる梁・床スラブの中央付近に設けなければなりません），[オ]＝誤（コンクリートを成長させるセメントの水和反応を十分に進めるための水分を与える行為，水分が逸散するのを防ぐ行為，水和反応が適切に継続するように温度を制御する行為，そして外部からの圧力に抵抗できるまでの間，コンクリートを保護する行為を総称して「**コンクリートの養生**」と呼んでいます）

【問題 5.9（建築工事）】わが国の建築工事における普通コンクリートの施工に関する記述
[ア]〜[エ]の正誤を答えなさい.

[ア] 構造体コンクリートの 1 回の圧縮強度試験には，3 個の供試体を用い，工事現場にお
　　 いて 1 台の運搬車からまとめて 3 個採取する.

[イ] ジャンカ（豆板）とは，先に打ち込んだコンクリートの硬化が進んだことにより，後
　　 から打ち込んだコンクリートと一体化できない打継ぎ面のことをいう.

[ウ] 片持ち床スラブの打継ぎは，原則として，これを支持する梁などの構造体部分との間
　　 に設ける.

[エ] 締固めに棒形振動機を使用する場合，振動のかけ過ぎによるコンクリートの分離を防
　　 ぐため，加振時間は，1 箇所当たり 5〜15 秒程度を目安とする.

（国家公務員総合職試験[大卒程度試験]）

【解答】[ア]＝誤（**構造体コンクリートの圧縮強度試験**では，「普通コンクリート：適切な間
隔をあけた 3 台の運搬車から 1 個ずつ採取し，合計 3 個の供試体を作製する」，「高強度コン
クリート：適切な間隔をあけた 3 台の運搬車から 1 台につき 3 個ずつ採取して 1 回の試験を
行い，合計 3 回の試験，合計 9 個の供試体を作製する」ことになっています），[イ]＝誤（**ジ
ャンカ（豆板）**とは，コンクリートの仕上がり表面上に凹部が生じ，表面がザラつき粗骨材
が確認できる状態をいう），[ウ]＝誤（片持ち床スラブでは，これを支持する梁などの構造体
部分で曲げモーメントが最大になりますので，この付近で打継ぎを行うのは好ましいことで
はありません），[エ]＝正（記述の通り，締固めに**棒形振動機**を使用する場合，振動のかけ過
ぎによるコンクリートの分離を防ぐため，**加振時間は，1 箇所当たり 5〜15 秒程度を目安**と
します）

●ジャンカ（豆板）
　ジャンカとは，コンクリートの仕上がり表面上に凹部が生じ，表面がザラつき粗骨材が確
認できる状態をいいます. 極端に酷い場合には，大きな空隙ができて鉄筋が露出することが
あります. 豆板と呼ぶ場合もあります.

【**問題5.10（防水材料）**】防水材料に関する記述[ア]～[エ]の正誤を答えなさい.

[ア] アスファルト防水は,アスファルトルーフィング類を溶融したアスファルトで接着しながら積層して防水層を形成するもので,アスファルトの引火に注意が必要である.

[イ] シート防水は,火を使わずに施工が可能で簡便であるが,一般に,シートが薄く施工時に傷つきやすい.

[ウ] 塗膜防水は,塗り工法の場合,下地の表面精度による品質性能への影響は受けないが,複雑な平面形状をした場所での施行は困難である.

[エ] 不定形シーリング材は,目地の気密性,水密性などを高める材料で,大きな動きが予想される目地には用いることができない.

(国家公務員総合職試験[大卒程度試験])

【**解答**】[ア]＝正（記述の通り,**アスファルト防水**は,アスファルトルーフィング類を溶融したアスファルトで接着しながら積層して防水層を形成するもので,**アスファルトの引火に注意が必要**です）,[イ]＝正（記述の通り,**シート防水**は,火を使わずに施工が可能で簡便ですが,一般に,シートが薄く施工時に傷つきやすい）,[ウ]＝誤（**塗膜防水**は,複雑な形状の部位にも対応できます）,[エ]＝誤（シーリング材には,「水密性・気密性を付与できる材料であること」,「目地のムーブメントに追随できること」,「耐久性に優れること」という性能が要求されます）

●よく使われる防水工法

1. アスファルト防水工法

合成繊維不織布にアスファルト（原油に含まれる炭化水素の中で最も重い物質）をしみこませた,シート状の素材を貼り重ねる防水のことです.耐久性が高いですが,接着性は比較的弱いという特徴があります.貼り重ねる際に熱で圧着させるため,火を使い,作業の危険度はやや高くなります.また,改修の際,押さえコンクリートがない場合,アスファルトを剥がす作業が発生する分,かなり割高になります.

2. シート防水工法

塩化ビニール樹脂など石油由来の素材を原料とする,1～2mmのシートを接着剤などで下地に固定し,シート同士を貼り合わせる防水のことです.工期が短く抑えられますが,接着性が弱いため,ジョイント部のめくれシール切れによる漏水が発生します.

3. ステンレス防水工法

ステンレス板を溶接などで繋ぎあわせていく工法です.浴槽やプールに使われているように,ステンレス自体は1滴の水も漏らしません.また,サビにくいという性質があります.

しかし，熱膨張が大きいのでゆがみが出たり，溶接部分が地震などにより割れたり，真夏の太陽光線が反射して周囲に影響があるなど，導入には注意が必要です．初期費用も高めです．

4. 塗膜防水工法

　ウレタンやアクリル，ポリエステルを主原料とした液体を，何重にも塗り重ねる防水のことです．ガラス繊維などを挿入し強度を高めたり，シートを下地に貼り付けてから防水材を重ね塗りして絶縁機能を持たせたりなど，各メーカーによって多数の工法があります．密着性があり，割れづらく，改修も状態が良ければ，はがすことなく塗り直しで対処できます．

　本工法の特徴は，以下の通りです．

① シームレスな塗膜を形成するので，継ぎ目がなく，防水の信頼性が高い．
② 複雑な形状の部位にも対応できる．
③ 防水層は平坦で美しい仕上がりになる．

●シーリング材

　構造物の防水性や気密性を保持するために，継ぎ目や隙間に充填する材料のこと．コーキング材などペースト状の**不定形シーリング材**と，合成ゴムを成形してはめ込む**定形シーリング材**があります．なお，シーリング材には，以下の性能が要求されます．

① 水密性・気密性を付与できる材料であること
② 目地のムーブメントに追随できること
③ 耐久性に優れていること

【**問題** 5.11（**防水工事**）】防水工事に関する記述[ア]〜[エ]の正誤を答えなさい.

[ア] アスファルト防水に用いるアスファルトの溶融温度の上限は，アスファルト製造所の
　　 指定する温度とする.

[イ] 塗膜防水とは，液体の合成高分子材料の防水材を塗布する工法で，アスファルト防水
　　 に比べ，細かい部分や複雑な形状の部分に対する施工が難しい.

[ウ] 目地に変位が発生するワーキングジョイントへのシーリングは，三面接着とする.

[エ] アスファルト防水の下地は，防水層のふくれや剥離を防止するため，十分乾燥させる.

（国家公務員一般職種試験）

【**解答**】[ア]＝正（アスファルトの溶融温度の上限は，アスファルト製造所の指定する温度
とし，同一アスファルトの溶融を 3 時間以上続けてはいけません. また，溶融中に異状な色
合いを生じたものは使用しないことになっています），[イ]＝誤（**塗膜防水**は，液状のウレタ
ンゴムやアクリルゴム，FRP（Fiber Reinforced Plastics の略語）などをハケなどで広げて
膜を作る方法であるため，防水工事をする範囲が複雑な形状をしていても適応できます），
[ウ]＝誤（目地には，部材の温度差による伸縮・建物の揺れ・歪みによって，シーリング材
にもムーブメント（かすかな動き）があります. このようなムーブメントがある目地のこと
を，**ワーキングジョイント**といいます. ワーキングジョイントに，三面接着をすればシーリ
ング材が自由に動けず，「ムーブメントへの追随と緩衝」というシーリング材本来の機能を
果たせなくなります. ちなみに，ムーブメントがほとんど生じない目地のことを**ノンワーキ
ングジョイント**といい，三面接着によるシーリング工事がなされます），[エ]＝正（記述の通
り，アスファルト防水の下地は，防水層のふくれや剥離を防止するため，十分乾燥させなけ
ればなりません）

【問題 5.12（建築工事）】わが国の建築工事における適切なコンクリートの施工に関する記述[ア]～[エ]の正誤を答えなさい.

[ア] フレッシュコンクリートの検査で不合格となったので, そのトラックアジテータを返却するとともに, 続けて数台のトラックアジテータについても検査した.

[イ] 打込み前の清掃用として, 型枠に掃除口を設けた.

[ウ] 設計基準強度の 50%の強度発現を確認できたので, 構造計算をせずにスラブ下の支保工およびせき板を取り外した.

[エ] 断面寸法の大きい部材に打ち込まれたコンクリートは, 温度上昇時では中心部ほど低温で, 表層部のコンクリートほど高温になるため, ひび割れが生じることがある.

（国家公務員総合職試験[大卒程度試験]）

【解答】[ア]＝正（記述の通りです. なお, **トラックアジテータ**とは, 集中式コンクリートプラントで練混ぜたコンクリートをアジテータで撹拌しながら運搬する自動車のことですが, 一般的には**コンクリート・ミキサー車**と称しています）, [イ]＝正（清掃用の掃除口を設け, コンクリート打込み前に型枠内の不要物を取り除きます）, [ウ]＝誤（50%ではなく, 正しくは85%です）, [エ]＝誤（中心部ほど高温になります）

【問題 5.13（杭地業工事）】杭地業工事に関する記述[ア]～[エ]の正誤を答えなさい.

[ア] セメントミルク工法による施工においては, 支持層の掘削深さを 1.5m 程度とし, 杭の先端を支持層中に 1m 以上根入れするのが一般的である.

[イ] アースドリル工法は, アースオーガーによってあらかじめ掘削した縦孔に, 既製杭を建込むものである.

[ウ] 場所打ちコンクリート杭の施工においては, 杭上部のコンクリートに不良箇所ができる可能性があるため, 通常, 所定の高さより 50cm～100cm 程度余分に打設する.

[エ] 場所打ちコンクリート杭の施工において, コンクリートの打込み中は, トレミー管の先端が, コンクリートの中に常に 2m 以上入っているように保持する.

（国家公務員一般職種試験）

【解答】[ア]＝正（**セメントミルク工法**は, 既製コンクリートパイルを用いた埋め込み杭工法に分類されるプレボーリング工法の代表的なものです. 回転させて地盤に穴をあける装置を**アースオーガー**といいますが, アースオーガーの支持地盤への掘削深さは 1.5m 程度とし,

杭の支持地盤への根入れ深さは 1.0m 以上とします．また，アースオーガーヘッドの径は杭径＋100mm 程度としなければなりません），[イ]＝誤（**アースドリル工法**は，孔壁の崩壊を防護するため，孔内にベントナイト安定液を満たした状態で，回転バケットに刃を付けて掘削し，排出はバケットを用いて地上に引き上げて処理する工法です．なお，発生した廃ベントナイト泥水は，産業廃棄物の汚泥として処理します），[ウ]＝正（記述の通り，場所打ちコンクリート杭の施工においては，杭上部のコンクリートに不良箇所ができる可能性があるため，通常，所定の高さより 50cm〜100cm 程度余分に打設します），[エ]＝正（場所打ちコンクリート杭のコンクリート打設において，トレミー管内のコンクリートの逆流や泥水の浸入を防ぐため，**トレミー管の先端をコンクリート中に常に 2.0m 以上埋まった状態を保持**します）

【問題 5.14（土工工事）】土工工事に関する記述[ア]〜[エ]の正誤を答えなさい．

[ア] ヒービングとは，山留め壁の背後の地下水が根切り底面に浸入し，根切り底の地盤面より土砂が吹き上がる現象である．

[イ] ウェルポイント工法とは，深井戸を掘削して，深井戸内に鋼管パイプを挿入し，その中に水中ポンプを挿入して排水する工法である．

[ウ] ソイルセメント柱列壁工法とは，アースオーガーなどで掘削した土とセメントミルク等を撹拌した中に，H 形鋼などを挿入して山留め壁とする工法である．

[エ] 捨コンクリート地業とは，基礎の墨出しなどが行いやすいように，地盤面を平らにするためにコンクリートを打設する地業である．

（国家公務員一般職種試験）

【解答】[ア]＝誤（山留め壁の背後の地下水が根切り底面に浸入し，根切り底の地盤面より土砂が吹き上がる現象は**ボイリング**（噴砂）です．これに対し，**ヒービング**は土留め壁の外側の土が掘削底にまわり込み，底面からもち上がって盤を破壊する現象（盤ぶくれ現象）のことをいいます），[イ]＝誤（**ウェルポイント工法**は，ウェルポイントと呼ばれる吸水管を地盤中に多数打ち込み，真空ポンプを用いて地下水を吸引して地下水位を低下させることにより，軟弱地盤の改良を図る工法です．これに対して，掘削部の内側または外側に深井戸（ディープウェル）を設置し，ウェルに流入する地下水を水中ポンプにより排水して軟弱地盤の改良を図る工法が**ディープウェル工法**です），[ウ]＝正（記述の通り，**ソイルセメント柱列壁工法**とは，アースオーガーなどで掘削した土とセメントミルク等を撹拌した中に，H 形鋼などを挿入して山留め壁とする工法です），[エ]＝正（記述の通り，**捨コンクリート地業**とは，基礎の墨出しなどを行いやすいように，地盤面を平らにするためにコンクリートを打設する地業です）

●ヒービング（盤ぶくれ現象）

　軟弱な**粘土質地盤の掘削**において，背面土砂の重量が大きい場合や地下水圧が高いとき，土留め壁の外側の土が掘削底にまわり込み，底面からもち上がって盤を破壊する現象を**ヒービング（盤ぶくれ現象）**といいます．

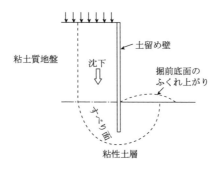

ヒービング（盤ぶくれ現象）

●ボイリング（噴砂）

　砂地盤において，地下水位よりも深く地盤を掘削したとき，土留め壁の下から潜るように周囲の浸透水が上向きに流れ込み，上向きの水圧が砂の自重以上になると掘削底面の土粒子が激しくかく乱されて水とともに噴き上がる現象を**ボイリング**といいます（このとき地下水がボコボコと湧き出し，まるで沸騰したかのように見えるため，ボイリングと呼ぶようになりました）．なお，ボイリングが砂質土の弱いところを通ってパイプ状に生じることがありますが，これを**パイピング**と呼んでいます．

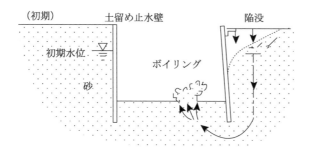

ボイリング（噴砂）

第6章

環境工学

【問題 6.1（日照・採光・光環境）】わが国における建築の日照・採光・光環境に関する記述[ア]〜[エ]の正誤を答えなさい.

[ア] 日照時間とは，日の出から日没までの時間のことである.

[イ] 全天空照度とは，遮へい物のない状態における天空光のみによる水平面照度であり，直射日光は含まない.

[ウ] 明順応とは，明るい環境に視細胞が慣れる現象のことである.

[エ] 一般に，蛍光ランプの寿命は白熱球の寿命よりも長い.

（国家公務員一般職種試験）

【解答】[ア]＝誤（**日照時間**は実際に日の照った時間です），[イ]＝正（記述の通り，**全天空照度**とは，直射光を除いた空の明るさである天空光による地上の水平面照度のことです），[ウ]＝正（暗い所から急に明るい所に出たときに，最初はまぶしく感じますがやがて正常にもどる眼の作用を**明順応**といいます．したがって，"明順応とは明るい環境に視細胞が慣れる現象である"いう記述は正しい），[エ]＝正（記述の通り，一般に，蛍光ランプの寿命は白熱球の寿命よりも長い）

【問題 6.2（日照・採光・光環境）】わが国における建築の熱環境に関する記述[ア]〜[エ]の正誤を答えなさい.

[ア] 人間の温熱感覚に大きな影響を及ぼす 6 つの要素は, 空気温度, 相対湿度, 気圧, 気流, 着衣量, 代謝量である.

[イ] PMV とは, 暑い, 寒いなどの人間の温冷感を数値で表したものである.

[ウ] 総合熱貫流率を延べ床面積で除した値は熱損失係数（*Q* 値）と呼ばれ, 建物の熱的性能を表すものである.

[エ] 一般に, 建築材料の密度が小さくなるほど, 熱伝導率は高くなる.

(国家公務員一般職種試験)

【解答】[ア]＝誤（人間の温熱感覚に大きな影響を及ぼす 6 つの要素は, 気温, 湿度, 風速, 輻射熱, 着衣量, 代謝量です. なお, **輻射熱**は, 熱線により直接伝わる熱のことをいいます）, [イ]＝正（**PMV** は, 気温, 湿度, 気流, 熱放射のほか, 代謝量と着衣量を考慮した温熱環境指標です. それゆえ, "暑い, 寒いなどの人間の温冷感を数値で表したもの" という記述は正しい）, [ウ]＝正（内外温度差 1℃の時の熱損失を**総合熱貫流率**といい, 総合熱貫流率を延べ床面積で除した値は**熱損失係数（*Q* 値）**と呼ばれています）, [エ]＝誤（**かさ比重**と呼ばれる "みかけの密度" が大きくなると熱伝導率は大きくなる傾向があります. ただし, **グラスウール**などの多孔質断熱材では, かさ比重が大きいほど断熱性を増し, 熱伝導率は小さくなります. なお, かさ比重は粉体 $1cm^3$ あたりの質量 g で表し, g/cm^3 の単位が用いられます）

【問題 6.3（日照・採光・光環境）】建築における日照・日射・採光に関する記述[ア]〜[エ]の正誤を答えなさい.

[ア] 天空日射量は, 一般に, 大気透過率が小さいほど減少する.

[イ] 北緯 35°（東京）の地点では, 南向きの鉛直壁面が受ける 1 日当たりの日照時間は, 冬至の日より夏至の日の方が少ない.

[ウ] 室内のある点における昼光率とは, 全天空照度に対するその点の昼光による照度の割合をいう.

[エ] 1 年を通して常に日影になる部分を終日日影という.

(国家公務員一般職種試験)

【解答】[ア]＝誤（大気層でちりなどにより乱反射された後に地上に到達する日射量を**天空日射量**といいます. "大気透過率が低い" すなわち大気中の水蒸気やちりが多いほど, 日射

の反射・散乱が多くなりますので，天空日射量は増加します．逆に，"天空日射量は，一般に，大気透過率が高くなるほど減少する"ことになります），[イ]＝正（記述の通り，北緯35°の東京では，南向きの鉛直壁面が受ける 1 日当たりの日照時間は，冬至の日より夏至の日の方が少ない），[ウ]＝正（記述の通り，室内のある点における**昼光率**とは，全天空照度に対するその点の昼光による照度の割合をいいます），[エ]＝誤（**終日日影**とは，建築物の配置・形によって，一日中，日影になる部分のことをいいます．一年中で一番昼が長い夏至でも，終日日影ができることがあり，1 年を通じて終日日影となる部分を特に**永久日影**といいます）

【問題 6.4（日照・採光）】日照・採光に関する記述[ア]〜[エ]の正誤を答えなさい．

[ア] 日照や日影の検討においては，一般に，中央標準時ではなく太陽の動きに対応した真太陽時を用いる．

[イ] 「全天空の立体角」に対する「ある地点から見える天空の立体角」の比を天空率という．

[ウ] 昼光による照明のための光源（昼光光源）としては，一般に，開口部に達する直射日光のみを考えることが多い．

[エ] ライトシェルフは，庇（ひさし）の上面で反射させた直射日光を室内の天井部で反射させ室内に導入する方式をいう．

(国家公務員一般職種試験)

【**解答**】[ア]＝正（記述の通り，日照や日影の検討においては，一般に，中央標準時ではなく太陽の動きに対応した**真太陽時**を用います），[イ]＝誤（**天空率**は，天空の占める立体角投射率のことをいいます），[ウ]＝誤（**昼光**とは，太陽を光源として地球上に到達する光のことです．照明の観点からみると，「直射日光」は太陽が雲に隠れることもあるので，照明としては扱いません．これに対して，「天空光」は直射日光に比べて時間的変動が少ないため，照明は主として**天空光**を使用します），[エ]＝正（記述の通り，**ライトシェルフ**は，庇の上面で反射させた直射日光を室内の天井部で反射させ室内に導入する方式のことをいいます）

●天空率

天空率とは，主に建築設計において，天空の占める立体角投射率のことをいいます．任意の測定ポイントに対して正射影投影（魚眼レンズで空を見上げたもの）された図（天空図）より，建物が投影されている範囲を除いた空間の割合（＝空の見える割合）が天空率になります．ある地点からどれだけ天空が見込まれるかを示し，100%が「全方向に天空を望む」状態，0%が「天空がすべて塞がれた状態」です．

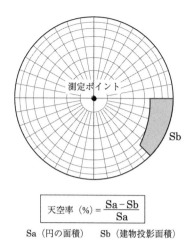

$$天空率（％）= \frac{Sa - Sb}{Sa}$$

Sa（円の面積）　　Sb（建物投影面積）

天空率

●ライトシェルフ

　窓に中庇（ライトシェルフ）を設けることで，直射日光の遮蔽，窓の上部からは反射光を採り入れ，日射制御と昼光利用を両立させることができます．

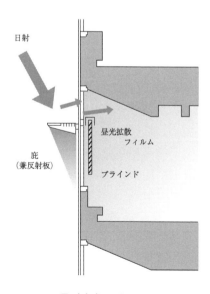

ライトシェルフ

【問題 6.5（日照・採光）】日照・採光に関する記述[ア]～[エ] の正誤を答えなさい.

[ア] 北緯 35 度の地点において, 快晴時の夏至の日の 1 日間の直達日射量は, 東向き鉛直面より南向き鉛直面の方が大きい.

[イ] 可照時間とは, 1 日の間で理論上日照が可能と考えられる時間をいい, 天候や障害物の影響を受けない.

[ウ] 天空日射量とは, 太陽放射が大気中で空気分子や微粒子により散乱された後, 地上に達する日射量をいい, 大気透過率などの影響を受ける.

[エ] 窓の日射遮蔽係数は, その値が大きいほど日射の遮蔽効果は大きい.

（国家公務員一般職種試験）

【解答】[ア]＝誤（北緯 35 度の地点において, 快晴時の夏至の日の 1 日間の直達日射量は, 南向き鉛直面より東向き鉛直面の方が大きい）, [イ]＝正（記述の通り, **可照時間**とは, 1 日の間で理論上日照が可能と考えられる時間をいい, 天候や障害物の影響を受けません）, [ウ]＝正（記述の通り, **天空日射量**とは, 太陽放射が大気中で空気分子や微粒子により散乱された後, 地上に達する日射量をいい, 大気透過率が低くなるほど天空日射量は増加します）, [エ]＝誤（**日射遮蔽係数**とは, 窓ガラスにあたる日射量のうち室内に流れ込むものの割合（日射取得率）を用いた指標なので, 値が大きいほど遮蔽効果は小さい）

●可照時間

　可照時間とは, 1 日の間で理論上日照が可能と考えられる時間をいい, 天候や障害物の影響を受けません.

【問題 6.6（温熱環境）】 温熱環境に関する記述[ア]～[エ]の正誤を答えなさい.

[ア] 気流の乱れの強さが大きいと, 平均風速が低くても不快に感じることがある.
[イ] 1met は, 人の基礎代謝量に相当する.
[ウ] 予想平均温冷感申告のことを PPD といい, これは温熱環境指標の一種である.
[エ] 着衣による断熱性能には, 一般に, クロ[clo]という単位が用いられる.

（国家公務員一般職種試験）

【解答】[ア]＝正（記述の通り, **気流の乱れの強さ**が大きいと, 平均風速が低くても不快に感じることがあります. 参考までに, 室内では, 気流速度を 0.1～0.3m/s とすることが望ましいとされています）, [イ]＝誤（**1met** は着座安静時の人体代謝量で 58.15W/m² です. ちなみに, **基礎代謝**は, 生命の維持だけにエネルギーの消費が行われている状態の代謝です）, [ウ]＝誤（**PPD** は Predicted Percentage of Dissatisfied の略記で, 日本語では**予測不快者率**と訳すことができます. ちなみに, **予想平均温冷感申告**は, Predicted Mean Vote の略語である **PMV** です）, [エ]＝正（記述の通り, 着衣による断熱性能には, 一般にクロ[clo]という単位が用いられます. 着衣の熱抵抗値である clo 値が大きいほど熱は逃げにくく, 一般的な背広は 1clo で裸体は 0clo です）

【問題 6.7（環境工学）】 環境工学で用いる用語に関する記述[ア]～[エ]の正誤を答えなさい.

[ア] 照度は, 目で見た明るさ感に直接的な関わりがあり, 単位は[cd/m²]である.
[イ] 温熱環境指標である PMV は, 室内の温熱環境に関係する気温, 放射温度, 相対湿度, 気流速度, 人体の代謝量および着衣量を考慮している.
[ウ] 振動レベルは, 振動加速度レベルに人体の振動感覚補正をしたものである.
[エ] マンセル表色系は, 物体の表面色を表記するのに用いられ, 「7.5YR8/5」と表される色より「7.5YR7/5」と表される色の方が明るい.

（国家公務員一般職種試験）

【解答】[ア]＝誤（**照度**は, 光源によって照らされている面の明るさの程度を表すものです. 1m² の面上に 1 lm（ルーメン）の光束が一様に照らす場合の照度が 1 lx（ルクス）です）, [イ]＝正（記述の通り, **PMV** は, 気温, 湿度, 気流, 熱放射（輻射）のほか, 代謝量と着衣量を考慮した温熱環境指標で, **予想平均温冷感申告**ともいいます）, [ウ]＝正（生データが振動

加速度レベルであり，それに人間の感じ方を加味した値が**振動レベル**です．逆に，Flat 特性（平たん特性）のときの振動レベルが，振動加速度レベルであるといえます），[エ]＝誤（**マンセル表色系**では色を「色相・明度/彩度」で表します．7.5YR7/5 をもう少し明るくするためには明度を上げる必要があり，7 を大きくして 7.5YR8/5 などと表示すればよいことになります）

●振動レベル

振動レベル（VL：Vibration Level）とは，振動の加速度を dB で表した加速度レベルに振動感覚補正を加えたもので，単位としてはデシベル(dB)が用いられます．通常，振動感覚補正回路をもつ公害振動計により測定した値です．

【問題 6.8（吸音・遮音）】建築における吸音・遮音に関する記述[ア]〜[エ]の正誤を答えなさい．

[ア] 吸音率とは，壁体中に吸収される音のエネルギーを，入射する音のエネルギーで除した値である．

[イ] ある帯域での吸音力が同じであれば，室容積が大きいほど，その帯域での残響時間は長くなる．

[ウ] グラスウール等の多孔資材の吸音特性は，高音域より低音域の方が大きい．

[エ] 一般に，壁体の透過損失は，音の周波数によって異なる．

（国家公務員一般職種試験）

【解答】[ア]＝誤（材料に音が入射すると，その一部は反射され，一部は透過し，一部は吸音されます．材料の吸音性能をあらわす**吸音率**は，**入射した音のエネルギーに対する反射されてこない音のエネルギーの比率**のことをいいます．吸音率は，同一材料でも周波数，入射角，材料の背後の条件で異なり，吸音率を示すときは，その条件を明記しないといけません），[イ]＝正（**残響時間**は部屋の容積が大きいほど長くなり，吸音する材料や物が多いほど短くなります），[ウ]＝誤（**グラスウールなどの通気性のある多孔質材料**では，音のエネルギーの一部が繊維との摩擦で失われ，主として**高音をよく吸収**します），[エ]＝正（記述の通り，壁体の透過損失は音の周波数によって異なり，一般に，**低音より高音になるにしたがって，壁の透過損失は増大**します）

【問題 6.9（音環境）】音に関する記述[ア]～[エ]の正誤を答えなさい.

[ア] 壁における透過損失の値が小さいほど，遮音性能は高くなる. 音の強さの単位は，[W/m²]である.

[イ] 反響（エコー）は，音源からの直接音が聞こえた後，それと分離して反射音が聞こえることであり，会話を聞き取りにくくさせる.

[ウ] 透過率の逆数は吸音率と等しい.

[エ] 床衝撃音遮断性能の等級 L_r については，その値が小さいほど床衝撃音遮断性能が高くなる.

（国家公務員一般職種試験）

【解答】[ア]＝誤（「透過損失が小さい」＝「透過率が大きい」＝「遮音性能が小さい」ことになります），[イ]＝正（記述の通り，**反響（エコー）**は，音源からの直接音が聞こえた後，それと分離して反射音が聞こえることであり，会話を聞き取りにくくさせます），[ウ]＝誤（**透過率**は，「壁へ入射する音のエネルギー」に対する「壁の反対側へ透過する音のエネルギー」の割合であり，透過率の逆数を「dB」で表示した値が**透過損失**です），[エ]＝正（記述の通り，床衝撃音遮断性能の等級 L_r が小さいほど，衝撃音が伝わりにくいことを表します）

【問題 6.10（色彩）】色彩に関する記述[ア]～[エ]の正誤を答えなさい.

[ア] 暗い場所で，比視感度が最大となる波長が長い方へと移動する現象をプルキンエ現象という. 明るい場所で同じ比視感度である青と赤であっても，暗い場所では，青より赤の方が明るく見える.

[イ] 目を引きやすいか否かという特性を誘目性という. 一般に, 高彩度色は誘目性が高い. また, 色光の誘目性は, 一般に, 色相においては赤が最も高い.

[ウ] 2つの色が互いに影響し, 色の差が強調されて見える効果を対比効果という. 明度対比では, 明度の差が強調されて見えるため, 一般に, 同じ色であっても, 明るい色に囲まれた場合, そうでない場合と比べ, より色が暗く見える.

[エ] 同じ色であっても, 面積が小さいほど明度・彩度が高く感じられる効果を面積効果という. 一般に, 色見本で見るよりも実際に壁に塗った方が, 明度・彩度ともに低く見える.

（国家公務員総合職試験[大卒程度試験]）

【解答】[ア]＝誤（**プルキンエ現象**とは，明るいところでは長波長の赤色が明るく鮮やかに

見えるのに対し，暗くなってくると短波長の青色が明るく鮮やかに見える現象のことをいいます），[イ]＝正（記述の通り，目を引きやすいか否かという特性を**誘目性**といいます．一般に，高彩度色は誘目性が高く，また，色光の誘目性は，一般に，色相においては赤が最も高いことが知られています），[ウ]＝正（記述の通り，2つの色が互いに影響し，色の差が強調されて見える効果を**対比効果**といいます．明度対比では，明度の差が強調されて見えるため，一般に，同じ色であっても，明るい色に囲まれた場合，そうでない場合と比べ，より色が暗く見えます），[エ]＝誤（同じ色でも面積が大きくなると明度や彩度が高くなったように見えますが，この現象を色彩の**面積効果**といいます）

【問題 6.11（室内の温熱・空気環境）】室内の温熱・空気環境に関する記述[ア]～[エ]の正誤を答えなさい．

[ア] 室内における二酸化炭素濃度は，7％程度であれば人体への影響はない．

[イ] グラスウールの熱伝導率は，一般に，かさ比重（密度）の大きさに関係なく一定である．

[ウ] 着席安静時における日本人の標準的な体格の成人男性における代謝量は，約100 W/人である．

[エ] 結露等によって断熱材内部の含水率が増加することは，水の熱伝導の影響で断熱性能の低下につながる．

（国家公務員一般職種試験）

【解答】[ア]＝誤（空気中の二酸化炭素濃度が3～4％を超えると，人間は頭痛・めまい・吐き気などを催し，7％を超えると炭酸ガスナルコーシスのため数分で意識を失います），[イ]＝誤（**グラスウール**などの多孔質断熱材では，かさ比重が大きいほど断熱性を増し，熱伝導率は小さくなります），[ウ]＝正（人体は絶えず体内で熱を生産していますが，この発熱量を**エネルギー代謝量**といいます．日本人（標準的な体格の成人男性）の着席安静時における代謝量は，約100W/人です），[エ]＝正（水は空気よりも熱伝導率が大きいため，繊維系の断熱材が結露などによって湿気を含むと，**熱伝導率の逆数である熱伝導抵抗**は低下します）

●エネルギー代謝量

　人体は絶えず体内で熱を生産していますが，この発熱量を**エネルギー代謝量**といいます．日本人（標準的な体格の成人男性）の着席安静時における代謝量は，約100 W/人です．

【問題 6.12（結露）】わが国の冬季における建築の結露に関する記述[ア]〜[エ]の正誤を答えなさい.

[ア] 二重サッシの間の結露を防止するためには，室内側サッシの気密性を低くし，外気側サッシの気密性を高くするとよい.

[イ] 結露防止の観点からは，非暖房室への水蒸気の侵入に留意する必要はない.

[ウ] 外壁の出隅部分の室内側表面は，結露しやすい.

[エ] 外壁の内部結露を防止するためには，防湿層を断熱材の室内側に配置するのがよい.

（国家公務員一般職種試験）

【解答】[ア]＝誤（**結露**の正体はもともと空気中にあった水蒸気です．暖かい空気の中には水蒸気がたくさんありますが，冷たい空気は暖かい空気よりも水蒸気の居場所がなくなります．そのため，暖かい空気から冷たい空気になった時，行き場がなくなった水蒸気が発生します．この時に，行き場のなくなった余分な水蒸気が冷たい場所で液体へと変化し，結露として現れます．以上のことから，室内側サッシの気密性を高める必要があることは容易に察しがつくと思います），[イ]＝誤（非暖房室に水蒸気の侵入があった場合，気密性が高く換気不足で湿気の多い家の中で部分暖房をすれば，暖房室と非暖房室の間で温度差が生まれ，非暖房室の隅や壁の中に結露が発生します．それゆえ，「結露防止の観点からは，非暖房室への水蒸気の侵入に留意する必要はない」という記述は誤りであることがわかると思います．参考までに，**結露の一番の原因は，日本の冬は必要な部屋だけ暖房をする"部分暖房"であり，建物全体の断熱性が低いこと**にあります．したがって，結露防止の観点からは，部分暖房ではなく建物全体の「全室暖房（全館暖房）」をして家の中の温度差をできるだけ少なくすることが大切です），[ウ]＝正（外壁の出隅部分は，外気に面する面積が広いことから結露を生じる可能性が高くなります），[エ]＝正（内部結露には，**防湿層を断熱材の室内側に配置**して室内から外壁への水蒸気の流入を抑え，屋外側は気密性の低い材料を用いて換気を図ると効果的です）

【問題 6.13（湿度・結露）】 湿度・結露に関する記述[ア]～[エ]の正誤を答えなさい.

[ア] 温度以外の条件が同じ場合, 湿り空気を加熱してもその露点温度は変化しない.

[イ] 温度以外の条件が同じ場合, 湿り空気を露点温度まで冷却していくと相対湿度は高くなる.

[ウ] 冬季において, 住宅内のフロート板ガラスの窓にカーテンを吊るすと室温が上がるため, ガラスでの結露防止に効果がある.

[エ] 屋外に面する壁の室内側で表面結露が発生するかどうかは, 外気温と壁の熱貫流率, 室内の湿り空気の露点温度が分かれば, 判定できる.

（国家公務員一般職種試験）

【解答】 [ア]＝正（"温度以外の条件が同じ場合" というのは微妙な言い方ですが, **絶対湿度**が同じであれば, 空気を加熱しても冷却しても露点温度は変わりません. なお, 絶対湿度とは, 湿り空気 $1m^3$ 中に含まれる水蒸気の質量（g）のことです）, [イ]＝正（**露点温度**とは, ある温度の湿り空気を冷却して相対湿度が 100%（飽和状態）となるときの温度をいいます. なお, 相対湿度とは, 「空気が含むことができる水蒸気量＝飽和水蒸気量」に対して, 「空気中の水蒸気量＝絶対湿度」の割合（%）を示したものです. このことを知っていれば, 正であることがわかると思います）, [ウ]＝誤（外気に面した窓にカーテンを吊るすと, ガラスの室内側表面に結露が発生しやすくなります）, [エ]＝誤（**表面結露の発生**の有無は, 「表面近傍空気の絶対湿度から求まる露点温度」と「表面温度」との大小によって判定することができます）

【問題 6.14（伝熱・断熱）】 伝熱・断熱に関する記述[ア]～[エ]の正誤を答えなさい.

[ア] 鉄筋コンクリート造の建築物においては, 外断熱工法の方が, 内断熱工法よりも室内側壁面の温度変動が小さい.

[イ] 低放射（Low－E）複層ガラスとは, 複層ガラスのうちの 1 枚の板ガラスの表面に, 熱放射を抑える特殊金属膜をコーティングし, 遮熱性・断熱性をさらに高めたものである.

[ウ] 住宅の気密性を向上させても, 熱損失係数の値は変化しない.

[エ] 外壁において, 建物の隅角部は, 一般に, 他の部分と比べて熱を通しにくい.

（国家公務員一般職種試験）

【解答】 [ア]＝正（屋外と室内の温度勾配は断熱材部分が大きく, 躯体の温度は, 内断熱で

は外気温に近く，外断熱では室温に近くなります．そのため，**外断熱の方が室内側に結露が発生しにくくなります**），[イ]＝正（記述の通り，**低放射（Low-E）複層ガラス**とは，複層ガラスのうちの 1 枚の板ガラスの表面に，熱放射を抑える特殊金属膜をコーティングし，遮熱性・断熱性をさらに高めたものです），[ウ]＝誤（**熱損失係数**は，省エネルギー住宅の基準値の一つとして用いられる建物の保温性能を示す指数です．住宅の気密性を向上させると自然換気で減少する熱量は小さくなるので，熱損失係数の値は小さくなります），[エ]＝誤（建物の隅角部は，外気に接する面積も大きくなるため熱貫流率が大きくなり，熱が伝わりやすくなります）

【問題 6.15（熱環境）】建築物の熱環境に関する記述 [ア]〜[エ]の正誤を答えなさい．

[ア] 熱伝導率とは，材料内の熱の伝わりやすさを表したものであり，一般に，材料の密度が大きくなるほど熱伝導率は大きく，熱を通しやすい傾向がある．

[イ] 熱貫流率とは，壁などを通った熱の伝わりやすさを表したものであり，熱貫流率が小さいほど断熱性能が高く，単一の材料からなる壁の厚さが 2 倍になると，熱貫流率は 1/2 になる．

[ウ] 繊維系断熱材を用いた外壁の壁内部の結露を防止するために，断熱材より室内側に防湿層を設置する．

[エ] 壁の内部に中空層を設け二重壁とする場合，中空層の厚さを 10cm とする場合の壁の熱抵抗は，中空層の厚さを 3cm とする場合の 3 倍以上となる．

（国家公務員総合職試験[大卒程度試験]）

【解答】[ア]＝正（記述の通り，**熱伝導率**とは，材料内の熱の伝わりやすさを表したものであり，一般に，材料の密度が大きくなるほど熱伝導率は大きく，熱を通しやすい傾向があります），[イ]＝誤（熱貫流の全過程による熱の伝わりにくさを示すものが**熱貫流抵抗**で，「熱貫流抵抗＝屋内側の熱伝達抵抗＋壁体の熱伝導抵抗＋屋外側の熱伝達抵抗」と表されます．**熱貫流率**は熱貫流抵抗の逆数となりますが，壁体だけでなく屋内側と屋外側の影響も受けますので，壁の厚さが 2 倍になっても熱貫流率は 1/2 にはなりません），[ウ]＝正（記述の通り，繊維系断熱材を用いた外壁の壁内部の**結露**を防止するために，**断熱材より室内側に防湿層を設置すると効果的**です），[エ]＝誤（空気の熱伝導率は極めて小さく，中空層の厚さが 1〜2cm 位までは層が厚くなるにしたがって熱抵抗は急増しますが，それ以上は微増する程度で，逆に**厚さが 4〜5cm を超えると対流による伝熱**が生じてしまいます．なお，中空層を利用した断熱では，アルミ箔を貼ると効果的です）

【**問題 6.16（熱貫流量）**】図（問題 6-16）に示す外壁について，単位面積当たりの熱貫流量を求めなさい．ただし，熱伝導率，熱伝達率は次のとおりとします．

熱伝導率
     せっこうボード   0.220 W/(m・K)
     ポリスチレンフォーム   0.0280 W/(m・K)
     コンクリート   1.60 W/(m・K)
熱伝達率
     室内側   9.00 W/(m²・K)
     室外側   23.0 W/(m²・K)

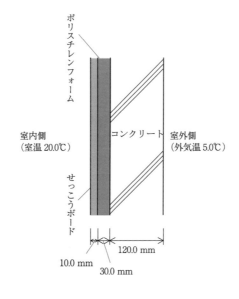

図（問題 6-16）

（国家公務員総合職試験［大卒程度試験］）

【**解答**】熱貫流によって実際に伝わる熱の量が**熱貫流量**（単位は[W]でワットと読みます）で，次式で計算することができます．

$$Q = K \times (t_i - t_0) \times A$$

ここに，Q は熱貫流量[W]，t_i は室内側の空気温度[℃]，t_o は室外側の空気温度[℃]，A は壁体面積[m²]です．また，K は**熱貫流率**で，熱貫流抵抗の逆数として，

$$K = \cfrac{1}{\cfrac{1}{\alpha_i} + \sum \cfrac{d}{\lambda} + \cfrac{1}{\alpha_o}}$$

で求められます．ここに，α_i は室内側の熱伝達率 $[\text{W/(m}^2 \cdot \text{K})]$，$\alpha_o$ は室外側の熱伝達率 $[\text{W/(m}^2 \cdot \text{K})]$，$d$ は材料の厚さ $[\text{m}]$，λ は材料の熱伝導率 $[\text{W/(m} \cdot \text{K})]$ です．

　まず，**熱貫流率** K を計算すれば，

$$K = \frac{1}{\dfrac{1}{\alpha_i} + \sum \dfrac{d}{\lambda} + \dfrac{1}{\alpha_o}} = \frac{1}{\dfrac{1}{9} + \dfrac{10 \times 10^{-3}}{0.220} + \dfrac{30 \times 10^{-3}}{0.028} + \dfrac{120 \times 10^{-3}}{1.60} + \dfrac{1}{23}} = 0.743$$

したがって，**熱貫流量** Q は，

$$Q = K \times (t_i - t_0) \times A = 0.743 \times (20 - 5) \times 1 = 11.145 \quad \text{W/m}^2$$

となります．

【問題 6.17（熱環境）】 建築の熱環境に関して，建物の熱容量の大小，断熱の良不良を模式的に示した[ア]～[エ]と，それらの室温変化を定性的に示したグラフ A～D の組合せとして最も妥当なものを解答群から選びなさい．ただし，外気温の変化は無視でき，熱容量および断熱以外の条件は等しいものとします．

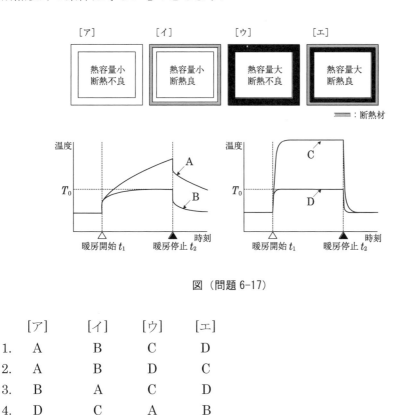

図（問題 6-17）

	[ア]	[イ]	[ウ]	[エ]
1.	A	B	C	D
2.	A	B	D	C
3.	B	A	C	D
4.	D	C	A	B
5.	D	C	B	A

（国家公務員総合職試験[大卒程度試験]）

【解答】**熱容量**とは，物体の温度を 1℃上げるのに必要な熱量のことです．このことを知った上で，「熱容量が小さくて断熱が良い建物は，暖房を開始すると温度は最も高くなる」「熱容量が大きくて断熱が良い建物は，暖房を開始するとゆっくりと温度が上昇し，暖房を停止するとゆっくりと温度が下がる」などの常識感を働かせて考えれば，正解は 5 であることがわかると思います．

【問題 6.18（音環境）】音環境に関する記述 [ア]〜[エ]の正誤を答えなさい．

[ア] 点音源から放射されている音のエネルギー密度は，伝搬距離に反比例して減衰する．
[イ] 一重壁の音響透過損失値は，一般に，壁体の単位面積あたりの重量が大きいほど大きくなる．
[ウ] 同一音響出力をもつ機械を居室内で 2 台稼働させた場合，その室内での音の強さのレベル〔dB〕は，1 台稼働させた場合の 2 倍の値となる．
[エ] 室内の残響時間は，一般に，その室内に多数の人がいる場合の方が，一人もいない空室状態より短くなる．

(国家公務員総合職試験[大卒程度試験])

【解答】[ア]＝誤（音の強さは，音波の進行方向に垂直な断面積を単位時間に通過するエネルギー（単位面積あたりのパワー）であり，**音源からの距離の 2 乗に反比例**します），[イ]＝正（記述の通り，重量の大きい（密度の大きい）材料ほど遮音力は大きく，透過損失も増えます），[ウ]＝誤（「dB」は音の大きさである**音圧レベル**を表すのに一般的に用いられる単位で，ある基準値 A に対する B のデシベル値 L_B は，基準値との比をとって対数表示した後，得られた数値を 10 倍して，$L_B = 10\log_{10}(B/A)$ [dB]のように求まります．したがって，2 台稼働させても，1 台稼働させた場合の 2 倍の値にはなりません），[エ]＝正（**残響時間**は部屋の容積が大きいほど長くなり，吸音する材料や物（人も含む）が多いほど短くなります）

【問題 6.19（音環境）】建築の音環境に関する記述[ア]〜[エ]の正誤を答えなさい.

[ア] 食器類の落下などの軽量衝撃源に対する床衝撃音の遮断性能は, カーペット等の柔らかい床仕上げ材を用いることにより向上する.

[イ] 室の平面形状として円形を採用すると, 音響障害が起こりにくい.

[ウ] 二重壁では, 一般に共鳴周波数が低音域にあることから, 低音域での遮音性能の低下が問題となる.

[エ] 吸音処理でよく用いられる孔あき板構造は, 吸音の原理としては共鳴器と同じであり, 共鳴周波数で吸音率が低下するほかは広い周波数域で吸音する.

(国家公務員一般職種試験)

【解答】[ア]＝正（記述の通り, 食器類の落下などの軽量衝撃源に対する床衝撃音の遮断性能は, カーペット等の柔らかい床仕上げ材を用いることにより向上します）, [イ]＝誤（円形の平面形状は音響的に問題があり, **室を円形にすると音響障害が起こりやすくなります**）, [ウ]＝正（中空二重壁の中空層を厚くするほど, 低音域における透過損失が大きくなります. それゆえ, この記述は正しい）, [エ]＝誤（**孔あき板構造**は, 多数の穴があいた板材と背後空気層を組合わせた吸音構造になっており, **吸音特性は共鳴周波数を中心とした山型の特性**を示し, 低・中音域の吸音に有効とされています. 参考までに, 孔あき板は, 材料自体の吸音性能はほとんどなく, 背後吸音層と組み合わせることで吸音性能を持たせていることに留意が必要です. また, 大きな吸音効果を得るために, 孔あき板背後に**グラスウール**などの多孔質材料を裏打ちするのが普通です）

【問題 6.20（音）】音に関する記述[ア]〜[エ]の正誤を答えなさい.

[ア] 音の強さのレベルを 30dB 下げるためには, 音の強さを 1/1,000 にする.

[イ] 自由音場において, 無指向性点音源からの距離が 1m の点と 2m の点との音圧レベルの差は約 3dB となる.

[ウ] 同種で同じ音圧レベルの音源の数が, ほぼ同じ位置において 2 つになると, 音源が 1 つの場合に比べて, 音圧レベルの値は約 3dB 増加する.

[エ] 音圧レベルが同じとき, 一般に, 4,000Hz の純音より 100Hz の純音の方が大きく聞こえる.

(国家公務員一般職種試験)

【解答】[ア]＝正（A に対する B のデシベル値 L_B は, $L_B = 10 \log_{10}(B/A)$ [dB] で計算できま

す．したがって，$10\log_{10}(1\times10^{-3}/1)=-30\,\mathrm{dB}$ となり，この記述は正しい），[イ]＝誤（**音の強さは音源からの距離の2乗に反比例し，距離を2倍にすると騒音レベルは約6dB減衰します**．数式を用いて計算すると $10\log_{10}(1/4/1)\fallingdotseq-6.02\,\mathrm{dB}$ となります），[ウ]＝正（エネルギーは2倍になりますので，数式を用いると $10\log_{10}(2/1)=3.01\,\mathrm{dB}$ となります．なお，"**同じ音が同時に2つあった場合の音の強さのレベルは約3dB大きくなる**"ことは覚えておいた方がよいでしょう），[エ]＝誤（人の聴覚は周波数によって感度が異なっており，4,000Hz程度が最も感度が高いことが知られています）

【**問題 6.21（音）**】音に関する記述[ア]〜[エ]の正誤を答えなさい．

[ア] 音の強さの単位は，$[\mathrm{W/m^2}]$ である．

[イ] 固体伝搬音（固体音）とは，建築物の躯体中を伝わる振動によって，壁面や天井面等から空間に放射される音をいう．

[ウ] 20歳前後の正常な聴力をもつ人が知覚できる音の周波数の範囲は，2〜2,000Hz程度である．

[エ] 音における聴感上の3つの要素は，音の大きさ，音の響き，音色である．

(国家公務員一般職種試験)

【**解答**】[ア]＝正（記述の通り，音の強さの単位は$[\mathrm{W/m^2}]$です．なお，[dB]は，音の大きさである音圧レベルを表すのに一般的に用いられる単位です），[イ]＝正（記述の通り，**固体伝搬音（固体音）**とは，建築物の躯体中を伝わる振動によって，壁面や天井面等から空間に放射される音をいいます），[ウ]＝誤（人間の耳は，一般に**20Hzから20,000Hz（20kHz）の音を知覚**します．ただし，上限は加齢とともに低くなる傾向があり，成人では一般に16kHzより高い音は聞こえないようです），[エ]＝誤（音における聴感上の「3つの要素」は，高さ・大きさ（強さ）・音色です）

第7章

建築計画各論

【問題 7.1（建築計画）】 建築計画に関する記述［ア］〜［エ］の正誤を答えなさい.

［ア］住宅団地の配置計画にあたり，個々の住居に対するプライバシーへの配慮とともに夏至の日照条件を踏まえて隣棟間隔を決めた.

［イ］小・中学校や高等学校の配置計画においては，施設の開放などの地域施設としての位置付けや，災害時における避難拠点としての位置付けといった地域社会からの利用に関連する内容も留意する必要がある.

［ウ］事務所の省エネルギー計画には，照明や機器などの設備計画に伴う手法によるものや，消灯や空調停止などの管理に伴う手法によるものがあるが，建物の形態や外壁・庇（ひさし）など建築計画に伴う手法は関係しない.

［エ］改修工事の計画にあたっては，建物を利用しながら工事を行うこともあり，改修工事中の入居者・利用者の避難ルート，工事用資材の搬出入ルート・置き場などが設計上の条件になることがある.

（国家公務員一般職種試験）

【解答】［ア］＝誤（**隣棟間隔**は，必要な日照や採光を確保し，火災などの災害やプライバシー保護などのための建物相互の間隔のことです. 特に**南北方向の隣棟間隔は，太陽高度が最も低い冬至において一定時間の日照を確保するように定めています**），［イ］＝正（記述の通り，小・中学校や高等学校の配置計画においては，地域社会からの利用に関連する内容も留意する必要があります），［ウ］＝誤（事務所の省エネルギー計画には，建物の形態や外壁・庇など建築計画に伴う手法も関係します），［エ］＝正（記述の通り，改修工事の計画にあたっては，改修工事中の入居者・利用者の避難ルート，工事用資材の搬出入ルート・置き場などが設計上の条件になることがあります）

【問題 7.2（建築計画）】 建築書に関する次の記述［ア］，［イ］，［ウ］にあてはまる組合せとして，最も妥当なものを解答群から選びなさい.

「現存する最古の体系的な建築書として広く知られる『建築十書』（著者：ウィトルウィウス）では，『建築』とはいかなるものかという概念が明確に示され，『建築は，［ア］，［イ］，［ウ］の３つで成立する』という主張は，後世の建築に大きな影響を及ぼしている」

	［ア］	［イ］	［ウ］
1.	新	強	材
2.	新	強	美
3.	大	整	材
4.	用	強	美
5.	用	整	材

（国家公務員一般職種試験）

【解答】 建築の使用性・強さ・美しさをイメージできれば，正解は４であることがわかると思います.

● **『建築十書』**

ローマ時代に書かれた建築書の古典である『建築十書』の中で，ウィトルウィウスは建築とは「用」「強」「美」の３つの要素が保たれるように造られるべきであると述べています.ここに，「用」というのは「機能」，「強」というのは「構造強度」，そして「美」というのはその言葉通りで，建築は「美しくなければいけない」というものです.

【問題 7.3（建築の企画・マネジメント）】建築の企画やマネジメントに関する用語の記述[ア]～[エ]の正誤を答えなさい.

[ア] CM 方式（コンストラクション・マネジメント方式）とは，建設生産・管理システムの一つであり，発注者の補助者・代行者であるコンストラクション・マネージャーが，設計の検討や工事発注方式の検討，工程管理，コスト管理などの各種マネジメント業務を行う方式をいう.

[イ] デザインビルド方式（設計・施工一括発注方式）とは，設計者と施工者をそれぞれ別に選定し，個別に契約する方式をいい，通常，設計業務委託契約により設計者が完成させた設計図書に基づいて，発注者と施工者との間で工事請負契約が締結されることとなる.

[ウ] コンペティション方式（設計競技方式）とは，価格および過去の実績が発注者にとって最も有利なものをもって申し込みをした者を設計者として選定する方式をいう.

[エ] PFI（プライベート・ファイナンス・イニシアティブ）手法とは，国や地方公共団体の事業コストの削減や，より質の高い公共サービスの提供を目指して，公共施設の建設，維持管理，運営等を民間の資金，経営能力および技術的能力を活用して行う手法をいう.

（国家公務員一般職種試験）

【解答】[ア]＝正（記述の通り，**CM 方式**とは，建設生産・管理システムの一つであり，発注者の補助者・代行者であるコンストラクション・マネージャーが，設計の検討や工事発注方式の検討，工程管理，コスト管理などの各種マネジメント業務を行う方式のことです），[イ]＝誤（**デザインビルド方式**とは設計・施工一括発注方式のことです．それゆえ，"設計者と施工者をそれぞれ別に選定し，個別に契約する方式"という記述が誤となります），[ウ]＝誤（**コンペティション方式**とは，複数の設計者に設計案を出させ，優れたものを選ぶ方式のことです．公平性を保つことや，能力のある新人にもチャンスが与えられること，優れた建築家に依頼することができるなどのメリットはあるものの，コンペの開催によって費用が増大する側面もあります），[エ]＝正（記述の通り，**PFI 手法**とは，国や地方公共団体の事業コストの削減や，より質の高い公共サービスの提供を目指して，公共施設の建設，維持管理，運営等を民間の資金，経営能力および技術的能力を活用して行う手法のことをいいます）

【**問題 7.4（集合住宅）**】集合住宅に関する記述[ア]〜[オ]の正誤を答えなさい.

[ア] 階段室型は，片廊下型に比べエレベーター1台あたりの住戸数を多くできるため高層住宅に有利であるが，各戸のプライバシーが損なわれやすい.

[イ] スキップフロア型は，アクセス動線が複雑になるが，廊下階以外の階を2面開口として採光や通風を確保することができる.

[ウ] スケルトン・インフィル住宅は，躯体と内装を分けて供給する方式の住宅であり，居住者の生活の変化に対応させることができる.

[エ] コーポラティブハウスは，自ら居住するための住宅を建設しようとする者が協力して，企画・設計から入居・管理までを行う方式により建設された集合住宅である.

[オ] テラスハウスは，コモンスペースと呼ばれる共用の庭を取り囲む形式の低層集合住宅である.

（国家公務員総合職試験[大卒程度試験]）

【**解答**】[ア]＝誤（**階段室型集合住宅**は，廊下を経由しないで階段室から直接各住戸に入れる集合住宅の形式（1つの階段をはさみ，左右に2つの住戸が配置された形式）です. 共同通路面積が少なくてすみ，住戸のプライバシーが守りやすいという長所があります. 高層住宅にすると住戸数のわりにエレベーターが多くなり不経済であることから，中層住宅に多い形式といえます），[イ]＝正（**スキップフロア型住戸**は各住戸がそれぞれ2層（メゾネット）形式になっていて，各住戸へのアプローチが一階飛ばしになっている住宅であり，アクセス動線は複雑になりますが，廊下階以外の階を2面開口として採光や通風を確保することができます），[ウ]＝正（**スケルトン・インフィル住宅**は，"建物のスケルトン（柱・梁・床等の構造躯体）とインフィル（住戸内の内装・設備等）を分離した工法による分譲マンションなどの集合住宅（2段階供給方式）のこと"です），[エ]＝正（記述の通り，**コーポラティブハウス**は，"自らが居住するために住宅を建設しようとする者が組合を結成し，共同事業としてつくられる集合住宅（協同組合運営方式）"のことです），[オ]＝誤（**テラスハウス**は，"連続住宅（長屋形式のもの）のうち，各戸ごとに専用の庭を持つもの"です.）

【問題 7.5（事務所建築の計画）】 事務所建築の計画に関する記述[ア]〜[エ]の正誤を答えなさい.

[ア] センターコア方式は，構造計画上有利であり，面積効率が良く，かつ 2 方向避難が確保しやすいことから，比較的大規模な事務所建築に用いられる.

[イ] 超高層建築物の場合，エレベーターはバンク分けし，1 つのバンクで一列に配置する台数は 4 台以下とするのが望ましい.

[ウ] フリーアクセスフロアは，配線を床下に納め，どこからでも取り出せるようにした二重床のことであり，一般の事務室でも用いられる.

[エ] 貸事務所の基準階のレンタブル比は 60％程度が一般的な値である.

（国家公務員一般職種試験）

【解答】 [ア]＝誤（**センターコア方式**は，構造的にバランスがとれ，事務室とコアの動線が短くなり，レンタブル比には有利です．高層・超高層向きですが，**2 方向避難が難しい**という問題があります），[イ]＝正（超高層ビルでは，低層階用・中層階用・高層階用に乗り場所をわけていますが，その各群（集まり）を**バンク**と呼んでいます．1 つのバンクで一列に配置する台数は，4 台以下にするのが望ましいとされています），[ウ]＝正（**フリーアクセスフロア**は，OA フロアや二重床とも呼ばれ，オフィス（事務所）のほか商業施設・工場・学校などのコンピュータや多くの配線を必要とする場所に設置されます），[エ]＝誤（**レンタブル比**は，延べ面積に対しては 65〜75％，基準階では 75〜85％程度です）

【問題 7.6（建築計画）】 建築計画に関する記述[ア]〜[エ]の正誤を答えなさい.

[ア] レンタブル比は，共用面積に対する賃貸面積の比率のことである.

[イ] オフィスランドスケープは，座席を在籍者で共有し効率的に利用する使い方のオフィス形式のことである.

[ウ] パーソナルスペースは，個体のまわりを取り巻く，他の人間に侵入されたくない心理的な領域のことである.

[エ] アフォーダンスは，環境やその中の事物が動物の特定の行動を可能にするために備えている特性のことである.

（国家公務員一般職種試験）

【解答】 [ア]＝誤（収益部分面積の総床面積に対する割合を**レンタブル比**といいます），[イ]

＝誤（**オフィスランドスケープ**は，オフィス内を壁やパーテーションで仕切る旧来のオフィスレイアウトとは異なり，壁等で仕切らない開放的な空間の中で仕事をするというコンセプトのレイアウト方式のことです），[ウ]＝正（**パーソナルスペース**は社会心理学の用語で，コミュニケーションをとる相手が自分に近づくことを許せる，自分の周囲の空間（心理的な縄張り）を指します．それゆえ，「個体のまわりを取り巻く，他の人間に侵入されたくない心理的な領域のこと」という記述は正しい），[エ]＝正（記述の通り，**アフォーダンス**は，環境やその中の事物が動物の特定の行動を可能にするために備えている特性のことです）

●オフィスランドスケープ

オフィス内を壁やパーテーションで仕切る旧来のオフィスレイアウトとは異なり，壁等で仕切らない開放的な空間の中で仕事をするというコンセプトのレイアウト方式のこと．仕切らないことで，多様なレイアウトを実現でき，組織間のコミュニケーションや情報の流れに対応した家具のレイアウトを行う方式．ドイツで提唱された方式で，オフィス内のレイアウトに対する考え方に大きな影響を与えました．

●アフォーダンス

環境の様々な要素が人間や動物などに働きかけ，そのフィードバックにより動作や感情が生まれること．「与える，提供する」という意味の英語，アフォード（afford）から作られた造語です．

【**問題 7.7（事務所建築）**】事務所建築に関する記述[ア]〜[エ]の正誤を答えなさい．

[ア] エレベーターのスカイロビー方式とは，エレベーターバンクごとに低層用，中層用，高層用などにサービス階を分ける方式である．
[イ] 高層建築物においては，地階や塔屋の他に，建築物の中間階にも設備階を設けることがある．
[ウ] ドライエリアとは，地階の採光，換気機器の搬出入等のために，地階の外壁に沿って掘り込んで設ける空間である．
[エ] 事務室における机の配置形式においては，密なコミュニケーションを必要とする業務には，対向式より並行式の方が適している．

（国家公務員一般職種試験）

【**解答**】[ア]＝誤（超高層ビルのエレベーター方式のうち，バンクごとに低層用，中層用，高層用などと分類する方式を**コンベンショナルゾーニング方式**といいます．なお，**スカイロ**

ビー方式は，利用者が「地上」から「ある階（スカイロビー）」にシャトルエレベーターで移動してから，そこから別のエレベーターに乗り換えて「目的の階」に移動する方法です），[イ]＝正（記述の通り，高層建築物においては，地階や塔屋の他に，建築物の中間階にも設備階を設けることがあります），[ウ]＝正（記述の通り，**ドライエリア**とは，地階の採光，換気機器の搬出入等のために，地階の外壁に沿って掘り込んで設ける空間のことです），[エ]＝誤（仕事をしている状況を想像するとわかりやすいと思いますが，執務空間において，向かい合って座る**対向式**の配置の方がコミュニケーションを密に取れます．わが国における事務所の大部屋と呼ばれる机のレイアウトに多い方式です）

●ドライエリア

　ドライエリアとは，地下室を持つ建築物の外壁を囲むように掘り下げられた空間のことで，「空掘り」ともいいます．ドライエリアを設ける目的は，主に地下室の環境の改善であり，採光・防湿・通風の確保・閉塞感などの解消・避難経路の確保などです．建築基準法上，基本的に地下室は居室と認められませんが，一定の規定を満たしたドライエリアを設けることで地下室を居室として扱うことができます．

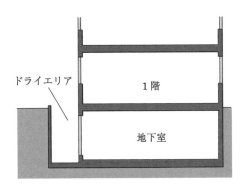

ドライエリア

【問題 7.8（事務所の建築計画）】事務所の建築計画に関する記述[ア]，[イ]，[ウ]の正誤を答えなさい.

[ア] 貸ビルにおけるレンタブル比は，基準階面積では 70～80％程度である.

[イ] コンベンショナルゾーニング方式とは，超高層ビルのエレベーター方式のうち，バンクごとに低層用，中層用，高層用などと分類する方式をいう.

[ウ] オープンコアプランは，事務室スペースがコアによって分断されるため，基準階面積がある程度以上ないと，フレキシビリティに欠けるといった問題があるが，2 方向避難に適している.

（国家公務員総合職試験[大卒程度試験]）

【解答】[ア]＝正（記述の通り，**貸ビルにおけるレンタブル比は基準階面積では 70～80％程度**です），[イ]＝正（記述の通り，**コンベンショナルゾーニング方式**とは，バンクごとに低層用，中層用，高層用などに分類する方式をいいます），[ウ]＝正（記述の通り，**オープンコアプラン**は，超高層ビルのエレベーター方式のうち，事務室スペースがコアによって分断されるため，基準階面積がある程度以上ないとフレキシビリティに欠けるといった問題はありますが，2 方向避難に適しています）

【問題 7.9（事務所の建築計画）】事務所の建築計画に関する記述[ア]～[エ]の正誤を答えなさい.

[ア] 貸事務所ビルにおける，建物全体で考えた場合のレンタブル比（延べ面積に対する収益部分の床面積の割合）は，一般に 70％程度である.

[イ] 事務室における机の配置形式において，対向式は平行式（スクール式）と比較して，配置効率が高く，密なコミュニケーションを必要とする業務にも適しており，わが国では広く普及した.

[ウ] センターコアは，一般に，面積効率が高く，基準階面積が大きい事務所ビルに適しているが，コアを耐震要素として活用できないため，執務空間の外周部に別途，耐震要素を検討する必要がある.

[エ] エレベーターのダブルデッキ方式とは，中間階にスカイロビーを設けて，エントランスロビーとスカイロビー間をシャトルエレベーターで結び，そこからゾーニングされたエレベーターにて目的階へと運ぶ方式である.

（国家公務員総合職試験[大卒程度試験]）

【解答】[ア]＝正（レンタブル比は，延べ面積に対しては 65〜75％，基準階では 75〜85％ 程度です），[イ]＝正（記述の通り，事務室における机の配置形式において，対向式は平行式（スクール式）と比較して，配置効率が高く，密なコミュニケーションを必要とする業務にも適しており，わが国では広く普及しました），[ウ]＝誤（コアには耐震要素があり，**分離コア**では建物の重心に対して耐震要素の位置が偏るので高層化は難しいものの，事務空間の自由度は高い．一方，**センターコア**では，建築物の平面の中心にコアが設置されていることから構造的に望ましく，高層化にも向いています），[エ]＝誤（**ダブルデッキエレベーター**とは，同一の昇降路に上下 2 つのかごを設けたエレベーターであり，簡単には「2 階建てのエレベーター」ということができます．これにより，輸送能力が向上しますが，下のかごは奇数階，上のかごは偶数階にしか停止できないというデメリットもあります）

【問題 7.10（事務所建築）】 事務所建築に関する記述[ア]〜[エ]の正誤を答えなさい．

[ア]　「高齢者，障害者等の移動等の円滑化の促進に関する法律」に基づき，事務所は特定建築物とされ，建築主等は，高齢者や障害者等が円滑に利用できるよう必要な措置を講ずるよう努めなければならない．

[イ]　偏心コア（片コア）は大規模な基準階（1,500〜4,000m²）に用いられる形式であり，構造計画においても有利な形式である．

[ウ]　レンタブル比は，貸事務所ビルの収益性に関する指標の一つであり，収益部分の床面積に対する非収益部分の床面積の割合である．

[エ]　事務室の机の配置方式において，特に業務に集中することが必要な場合，一般に，対向式レイアウトよりも並行式レイアウトの方が適している．

（国家公務員一般職種試験）

【解答】[ア]＝正（記述の通り，事務所は特定建築物とされ，建築主等は，高齢者や障害者等が円滑に利用できるよう必要な措置を講ずるよう努めなければなりません），[イ]＝誤（**偏心コア方式**は，レンタブル比を高くできますが，構造計画上は偏心に対する配慮が必要で，構造的にやや不利です．偏心コア方式は，低・中層向きのコアシステムです），[ウ]＝誤（**レンタブル比**は，収益部分面積の総床面積に対する割合です），[エ]＝正（記述の通り，事務室の机の配置方式において，特に業務に集中することが必要な場合，一般に，対向式レイアウトよりも並行式レイアウトの方が適しています）

【**問題 7.11（高齢者および障害者の利用に配慮した建築物）**】高齢者および障害者の利用に配慮した建築物の計画に関する記述[ア]～[オ]の正誤を答えなさい.

[ア] 住宅の台所について，車いす使用者が利用しやすいよう，調理台，流し，ガスレンジの配置をL型とした.

[イ] 階段の手すりの端部について，服の袖が引っ掛からないよう，壁側に曲げて納めた.

[ウ] エレベーターについて，車いす使用者がかごの中で転回しなくても戸の開閉状況が確認できるよう，かご入口正面に鏡を設置した.

[エ] 便所の出入口について，車いす使用者が出入りしやすいよう，内開き戸とした.

[オ] 公共施設の出入口について，視覚障害者の利用に配慮して，音声案内装置を戸の直上に設置した.

(国家公務員総合職試験[大卒程度試験])

【**解答**】[ア]＝正（車いす使用者にとっては，回転や前後方向の移動に比べ，横方向への移動が困難です．I型は横方向への移動距離が長く車椅子の方には使いにくいため，動線がコンパクトになるL型やコの字型の方が使いやすい），[イ]＝正（手すりの形状は，握りやすいものとします．また，端部は衝突時の危険性や服の袖の引っ掛り等を避けるために曲げて納めます），[ウ]＝正（かご内には，戸の開閉状態等を確認することができる鏡を設けることになっています），[エ]＝誤（出入口に戸を設ける場合は，車いす使用者等が容易に開閉して通過できる構造とすることが必要です．容易に開閉できる構造については，一般に自動ドア，引き戸，開き戸の順とされています），[オ]＝正（目標となる基準である整備指針には，「視覚障害者の利用に配慮して，戸の直上に音による案内を設ける」と記述されています）

【**問題 7.12（高齢者・障害者等に配慮した設計）**】高齢者や障害者等の利用に配慮した公共施設の計画に関する記述[ア]〜[エ]の正誤を答えなさい.

[ア] 車いす使用者用駐車施設の幅を 2,800mm とした.

[イ] 車いす使用者が通行する屋内のスロープの勾配を 12 分の 1 とした.

[ウ] 車いす使用者同士のすれ違いに支障がない廊下を設計するにあたり，有効幅員を 1,200mm とした.

[エ] 車いす使用者が利用するエレベーターの計画において，かごの出入口の有効幅員を 900mm とし，かごの幅を 1,600mm とした.

（国家公務員一般職種試験）

【**解答**】[ア]＝誤（**車いす使用者用駐車スペースの幅は 350cm 以上**と定められています），[イ]＝正（スロープの勾配は原則として 1/12 以下，屋外では 1/15 以下です），[ウ]＝誤（**車いす同士のすれ違いには，180cm 以上の有効幅員**が必要です．ちなみに，車いすと人のすれ違いには，120cm 以上の有効幅員が必要です），[エ]＝正（かごは幅が 140cm，奥行きが 135cm 以上必要です．また，出入口の有効幅員は最低 80cm 以上です）

【**問題 7.13（子供に関わる施設の計画）**】子供に関わる施設の計画に関する記述[ア]〜[エ]の正誤を答えなさい.

[ア] 小学校を計画するにあたって，災害時の避難所として利用できるように施設の耐震性を十分に確保するとともに，備蓄倉庫を確保した.

[イ] 保育室は，乳児と幼児の活発な交流が行われるように，乳児用と幼児用とを間仕切のないワンルームとした.

[ウ] 小学校の計画において，チームティーチングや個別学習などを取り入れたフレキシブルな教育形態を目指して，クラスルームに隣接してオープンスペースを設けた.

[エ] 保育所の幼児用便所のブースの仕切りや扉は，幼児のプライバシーを考慮して，大人が外からのぞくことができない高さとした.

（国家公務員総合職試験[大卒程度試験]）

【**解答**】[ア]＝正（学校施設が災害時に地域の避難所としての役割も果たすことから，想定される避難者数や起こりうる災害種別のリスクを十分に考慮し，あらかじめ防災担当部局との間でお互いの役割を明確にしながら，避難所として必要となる機能を計画することが大切です．その際，教育活動等の早期再開が可能となるように計画することも重要です），[イ]

＝誤（乳児と幼児は活動能力が違うので，空間を切り離すようにします），[ウ]＝正（普通教室まわりに**多目的利用可能なオープンスペース**を隣接させ，学習活動空間の選択性を広げる手法が一定の効果を上げています．全国的にもかなりの数の学校がオープンスペースを取り入れるようになり，オープンスペースそのものが一般化し，特殊ではなくなっています），[エ]＝誤（保育所において，幼児の便所は教育の対象でもあります．したがって，保育所や幼稚園の幼児の便所は保育室に接するように配置し，**ブースの仕切りや扉は大人が見守れる高さの100～120cm程度**とし，鍵はつけないようにします）

【問題 7.14（学校の運営方式）】 学校建築の計画に関する記述[ア]，[イ]，[ウ]の正誤を答えなさい．

[ア] 教科教室型とは，全教科の専用教室を持ち，生徒が時間ごとに各教科の教室に移動して授業を受ける方式である．この方式は教科ごとに専門的な施設や設備を用意できるという長所がある一方，専用のクラスルームがないことや移動が多くなるという短所がある．

[イ] 特別教室型とは，各クラスが専用のクラスルームを持ち，普通教科はクラスルームで行い，特別の施設・設備を必要とする教科は特別教室で行う方式である．この方式はクラスの場所が確保されているので児童・生徒が落ち着くという長所がある一方で，特別教室が増えるほどクラスルームの利用率が下がるという短所がある．

[ウ] プラトゥーン型とは，大部分の学習や生活をクラスルームまたはその周りで行う方式である．この方式では，クラスルーム関係の面積に余裕を持たせ，簡単な実験・工作コーナーやロッカー，便所，前室などの生活設備を充実させることに留意する．

(国家公務員総合職試験[大卒程度試験])

【解答】[ア]＝正（記述の通り，**教科教室型**とは，全教科の専用教室を持ち，生徒が時間ごとに各教科の教室に移動して授業を受ける方式です），[イ]＝正（記述の通り，**特別教室型**とは，各クラスが専用のクラスルームを持ち，普通教科はクラスルームで行い，特別の施設・設備を必要とする教科は特別教室で行う方式です），[ウ]＝誤（**プラトゥーン型**とは，特別教室型において，特別教室の数だけ常に空き教室が存在するという欠点を補おうというもので，全クラスの半分の普通教室と，それと同数の特別教室を設け，全クラスがこの2つの教室群に分かれて学習を行い，ある時間帯で入れ替わる方式のことです）

【問題7.15（公共建築）】 公共建築に関する記述[ア]～[エ]の正誤を答えなさい.

[ア] 小学校においては，一般に，低学年は特別教室型とし，高学年は総合教室型とする.

[イ] 保育所においては，一般に，幼児用便所は保育室に隣接して設け，幼児用便所の扉の高さは大人が外から安全を確認することができる高さとする.

[ウ] 地域図書館においては，一般に，貸出し用の図書の出納方式を閉架方式とする.

[エ] 美術館の小規模な展示室における利用者の動線は，一般に，一筆書きの計画とする.

（国家公務員一般職種試験）

【解答】 [ア]＝誤（**総合教室型**：体育などを除き，全ての学習や生活を教室とその回りで行う方式．**小学校低学年に最適な方式です**．**特別教室型**：各クラスが専用の教室を持ち，普通教科は教室で行い，特別の施設・設備を必要とする特別教科は特別教室または教科教室で行う方式．現在，**小学校の高学年や中学校で最も多く採用されています**），[イ]＝正（記述の通り，保育所においては，一般に，**幼児用便所は保育室に隣接して設け**，幼児用便所の扉の高さは大人が外から安全を確認することができる高さとします），[ウ]＝誤（**地域図書館**は，地域住民への図書の貸出を主機能とします．それゆえ，書架が外部からの閲覧者に公開されていない**"閉架方式"**が間違いで，正しくは**"開架方式"**です），[エ]＝正（**一筆書き型は接室巡路形式**ともいい，小規模展示向きの平面計画です）

【問題 7.16（建築計画における防災対策）】 建築計画における防災対策に関する記述[ア]
～[エ]の正誤を答えなさい.

[ア] 津波避難ビルにおいて, 対象地区で想定される津波浸水深を考慮して, 避難スペース
  を安全な高さに設定するとともに, 外部から避難スペースに容易にアクセスできるよ
  うに, 避難用の外部階段を設けた.

[イ] 一般に, 大規模な空間の天井を吊り天井とする場合は, 建物の構造体の耐震安全性が
  確保されていれば, 天井材自体の耐震安全性は考慮しなくてよい.

[ウ] 火災時の避難を考慮し, 2方向以上の避難経路を確保するとともに, 各階の廊下など
  から避難時に利用する階段への出入口の幅は, 階段の有効幅よりできる限り広くす
  る.

[エ] 防災センターは, 建築物における消防用設備などを管理する機能を有していることか
  ら, 避難階で, 消防隊が屋外から容易に到達できる位置に設けた.

（国家公務員一般職種試験）

【解答】 [ア]＝正（防災に関してある程度の一般知識があれば, この記述は正しいとわかる
と思います）, [イ]＝誤（**天井の耐震対策**は, 建築物の耐震安全性を確保する上で重要な課題
の1つとして認識されています）, [ウ]＝誤（**避難時に利用する階段の出入口の幅は, 一時に
避難者が殺到すると危険なので, 階段の幅より広くしてはいけません**）, [エ]＝正（**防災セン
ター**とは, 施設内（防火対象物）の火災等の監視と消防設備等の制御を行う管理施設のこと
で, この記述は正しい. なお, 防災センターは, 消防法および消防法施行規則により, 一定
の防火対象物に設置することが定められています）

【問題 7.17（開口部）】開口部に関する記述[ア]～[エ]の正誤を答えなさい.

[ア] 引き戸は，開き戸と比較して，扉の開閉にスペースをとらず，遮音性や気密性に優れているが，雨仕舞（あまじまい）に劣る.
[イ] 避難安全性の観点から，劇場や映画館の客席からの出口の戸は，内開きとしてはならない.
[ウ] ルーバー窓は，ガラス板の角度を自由に調節でき，通風の機能を備えているが，閉じたときの気密性に欠ける.
[エ] 突出し窓は，引き倒し窓と比較して，外面の清掃は容易であるが，雨仕舞に劣る.

（国家公務員総合職試験[大卒程度試験]）

【解答】[ア]＝誤（開き戸では，戸を開く関係上，こすらないようある程度の隙間が必要になりますので，引き戸よりも**雨仕舞**に劣ります. 参考までに，玄関扉は，雨仕舞を考慮して，通常は外開きにします. なお，雨仕舞とは，建築物内部に雨水が浸入せぬような仕組みを施す総称のことです），[イ]＝正（避難安全性の観点から，劇場や映画館の客席からの出口の戸は，**避難する方向に開かれる**ようにしなければなりません），[ウ]＝正（記述の通り，ルーバー窓は，ガラス板の角度を自由に調節でき，通風の機能を備えていますが，閉じたときの気密性に欠けます），[エ]＝誤（上辺が回転軸で下を突出す"**突出し窓**"では，ガラス外面の清掃は難しい）

●窓の種類
突出し窓：上辺が回転軸で下を突出す窓
外倒し窓・内倒し窓：底辺が回転軸で上が倒れる窓
外開き窓・内開き窓：横辺が回転軸となった窓

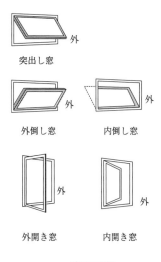

窓の種類

【問題 7.18（病院）】 病院に関する記述[ア]～[エ]の正誤を答えなさい.

[ア] 病棟のナースステーションは,看護の効率性を重視し,外来者との動線の交差を避けるよう,外来者が出入りするエレベーターホールや階段室から離れた位置に計画した.

[イ] 病床が 100 床ある病院では,病棟,外来,診療,供給,管理の 5 部門のうち,延べ面積に対する床面積の割合は,一般に,外来部門が最も高い.

[ウ] 病院における ICU とは,一般に,症状の改善が期待できない未知患者を長期間収容する病棟のことを指し,その設置にあたり,居住性を重視した.

[エ] 汚染を防ぐために,手術室は外科系病棟の端部に配置し,その空調設備は他の室と別系統にした.

(国家公務員総合職試験[大卒程度試験])

【解答】[ア]＝誤(病棟の要であるナースステーションの機能は,看護作業の準備・物品の管理・訪問者への応対・情報の記録と発信などです.訪問者への応対をイメージできれば,この記述は誤であることがわかります),[イ]＝誤(延べ面積に対する床面積の割合が最も高いのは病棟です.ちなみに,病棟は病院の中心的な部門で,入院患者に対して診療や看護を行う場であると同時に,患者にとっては生活の場ともなります),[ウ]＝誤(**ICU** とは,手術直後の患者や重病の患者を集めて,集中的に観察・看護する室のこと.ナースステーションに近接して設けます),[エ]＝正(記述の通り,汚染を防ぐために,**手術室**は外科系病棟の端部に配置し,その空調設備は他の室と別系統にします)

第 8 章

都市と建築家

【問題 8.1（近代建築）】構造デザインに特徴のある次の近代建築に関する記述[ア]～[エ]について，関係する建築家の正誤を答えなさい．

[ア] Palazzetto dello Sport　　建築家：P. L. ネルヴィ
　1960 年のローマオリンピックのために建てられた施設．直径約 60m のドーム建築で周辺部を Y 字形の支柱で支えている．

[イ] ジョン・F・ケネディ空港　旧 TWA ターミナル・ビル　　建築家： E. サーリネン
　航空機の翼を表現した大胆な彫塑的造形．4 枚の曲面屋根により，大空間を覆っている．

[ウ] 国立代々木競技場　　建築家：菊竹清訓，坪井善勝
　1964 年の東京オリンピックのために建てられた施設．大きく張り出した観覧席をカウンターウェイトとした大胆で斬新な吊り屋根構造を採用している．

[エ] シドニー・オペラハウス　　建築家：R. ロジャース，O. アラップ
　原案の屋根形状は実現不可能とされたが，構造家によって変更が加えられ完成した．

(国家公務員総合職試験[大卒程度試験])

【解答】[ア]＝正（パラッツェット・デッロ・スポルトは **P. L. ネルヴィ**の代表作の一つです），[イ]＝正（**E. サーリネン**は，ジョン・F・ケネディ空港　旧 TWA ターミナル・ビルなど，コンクリート・シェル構造を用いた流れるような曲面の表現主義的なスタイルの建築で一世を風靡しました），[ウ]＝誤（**国立代々木競技場**は丹下健三の代表的作品の一つです．なお，構造は**坪井善勝**が担当しました），[エ]＝誤（**シドニー・オペラハウス**の設計者は**ヨーン・ウツソン**です）

【問題 8.2（建築家）】わが国に関連する建築家に関する記述[ア]～[エ]の正誤を答えなさい.

[ア] 辰野金吾は,三菱一号館,鹿鳴館を設計し,「辰野式」と呼ばれる赤煉瓦の建築に白い石を帯状に巡らせるデザインを得意とした.

[イ] T. J. ウォートルスは,いわゆる「お雇い外国人」として明治政府に雇われ,日本における建築の近代化に貢献した.

[ウ] J.コンドルは,工部大学校造家学科で教鞭をとり,前川國男,坂倉準三,片山東熊,佐立七次郎の4名が同学科の第1回卒業生となった.

[エ] 伊東忠太は,法隆寺の研究に取り組み,「法隆寺建築論」を発表した.また,「アーキテクチュール」の訳語は,「造家」ではなく,「建築」とすることを提案した.

（国家公務員一般職種試験）

【解答】[ア]＝誤（**鹿鳴館**は,ジョサイア・コンドルの代表作です.**辰野金吾の代表作は, 東京駅・日本銀行本店**などです）,[イ]＝正（記述の通り,T. J. ウォートルスは,いわゆる「お雇い外国人」として明治政府に雇われ,日本における建築の近代化に貢献しました.ちなみに,日本の近代建築は,ウォートルスからコンドル,辰野金吾へと流れていきます）,[ウ]＝誤（工部大学校造家学科の第1回卒業生に,主席で卒業した辰野金吾が含まれていないことから誤とわかります.ちなみに,第1回卒業生は,辰野金吾,片山東熊(かたやまとうくま),曾禰達蔵(そねたつぞう),佐立七次郎(さたてしちじろう)です）,[エ]＝正（記述の通り,**伊東忠太**は,法隆寺の研究に取り組み,「法隆寺建築論」を発表しました.また,「アーキテクチュール」の訳語は,「造家」ではなく,「建築」とすることを提案しました）

【問題 8.3（田園都市）】E. ハワードが提案した田園都市に関する記述[ア]～[エ]の正誤を答えなさい.

[ア] 人口規模はおおむね100万人とする.

[イ] 都市の中心部に広い農耕地を確保する.

[ウ] 既存の大都市から30～50km隔てて建設する.

[エ] 交通幹線で大都市と連絡する.

（国家公務員一般職種試験）

【解答】E. ハワードは,『明日の田園都市』を発表し,**緩衝緑地帯**によって分離された,日

常生活を十分に満足させられるような施設を備えた**一定規模の都市**を，母都市を中心に**放射同心円状の幹線交通路の結節点に建設**することを提案しました．このことを知っていれば，以下のように正誤が答えられると思います．

[ア]＝誤，[イ]＝誤，[ウ]＝正，[エ]＝正

【問題 8.4（都市計画）】わが国の都市計画に関する記述[ア]〜[エ]の正誤の組合せとして最も妥当なものを解答群から選びなさい．

[ア] 近隣住区論は，住宅地の構成原理の理論であり，わが国では大規模なニュータウンの開発等で多く採用された．

[イ] 1992 年の都市計画法改正により「市町村の都市計画に関する基本的な方針」（通称「市町村の都市計画マスタープラン」）が導入された．

[ウ] ラドバーン方式とは，都市の中心部等において，自家用車による通行を禁止し，公共交通だけを通行させることで歩行回遊性の高い街路環境を実現する交通システムである．

[エ] 「減歩」と「換地」は，土地区画整理事業において用いられる手法である．

	[ア]	[イ]	[ウ]	[エ]
1.	正	正	正	正
2.	正	正	正	誤
3.	正	正	誤	正
4.	正	誤	正	正
5.	誤	正	正	正

（国家公務員総合職試験[大卒程度試験]）

【解答】解答群を見ればそれぞれに一つしか"誤"はありませんので，[ア]〜[エ]の記述で間違いであるものを見つけ出せば答えは得られます．[ウ]の**ラドバーン方式**は，1920 年代後半のアメリカでスタインとライトによって提唱された，**自動車と歩行者の交通動線を完全に分離する方式**のことです．それゆえ，ラドバーン方式について，「都市の中心部等において，自家用車による通行を禁止」と記した[ウ]は誤で，正解は 3 となります．

【問題 8.5（都市理論）】 都市理論に関する記述[ア]〜[エ]の正誤を答えなさい.

[ア] 1950 年代に E・ハワードによって提唱された「田園都市」は, オフィス等のある 100 万都市部と田園都市を結ぶ交通網により, 都心部への通勤通学者のベッドタウンを形成することに特化した理論であり, 日本でも多くの郊外住宅地などでこの考え方が導入された.

[イ] 1963 年に英国で発表された通称ブキャナンレポート（『都市の自動車交通』）では, 都市の道路を,「幹線分散路・地区分散路・局地分散路・アクセス道路」という段階構成によって整備し, 地区分散路に囲まれた居住環境地区では, 通過交通をなるべく排除し, 居住環境を維持することが提唱されている.

[ウ] ニューアーバニズム会議の創設者の 1 人である P・カルソープによって提唱された TOD（Transit Oriented Development）は,「公共交通指向型開発」とも呼ばれる理念であり, 駅前などの公共交通拠点を中心に, 歩行を促す都市構造をつくるための方法論でもある.

[エ] J・ジェイコブスは, 1961 年に著書『アメリカ大都市の死と生』の中で, 過密・膨張した都市の在り方を批判し, 高層建築物と開放的な空地を用いた「緑・太陽・空間」であふれる都市空間像を提唱した.

（国家公務員総合職試験[大卒程度試験]）

【解答】 [ア]＝誤（**エベネザー・ハワード**の提案は, 人口 3 万人程度の限定された規模の, 自然と共生し, 自律した職住近接型の緑豊かな都市を都市周辺に建設しようとする構想です）, [イ]＝正（記述の通りです. **ブキャナンレポート**では, 自動車がむやみに居住環境地域に進入するのを防ぐため, 道路を細街路, 地区道路, 主要道路のように階層的につくる道路網計画が提唱されています）, [ウ]＝正（記述の通り, **TOD** は「**公共交通指向型開発**」とも呼ばれる理念であり, 駅前などの公共交通拠点を中心に, 歩行を促す都市構造をつくるための方法論でもあります）, [エ]＝誤（**ジェイコブス**はアメリカの大都市が自動車中心になり, 人間不在の状況になっていることに疑問を持ち, 1961 年に近代都市計画を批判する著書『**アメリカ大都市の死と生**』を刊行して反響を呼びました. ジェイコブスは, 安全な街路の条件として, 常に多数の目（ストリートウォッチャー）が存在していることなどを指摘しています）

●公共交通指向型（都市）開発（TOD : Transit Oriented Development の略語）

　公共交通指向型（都市）開発（TOD）は, 公共交通機関に基盤を置き, 自動車に依存しない社会を目指した都市開発のこと. **P・カルソープ**によって提唱され, 駅前などの公共交通拠点を中心に, 歩行を促す都市構造をつくるための方法論でもあります.

【問題 8.6（まちづくり）】わが国の景観に関するまちづくりやその仕組みに関する記述
[ア], [イ], [ウ]における下線部の記述について正誤を答えなさい.

[ア] 1960 年代以降, 各地で生じた開発に伴う, 地域の街並みの破壊や緑の喪失といった
　　 歴史的な環境の激変に対応するために, 複数の自治体で地域の環境や景観の保全を目
　　 的とした, いわゆる景観条例が普及した. しかし, これらの景観条例は, 建設行為の
　　 制限に対する根拠法を持たない自主条例であったために, 景観上問題がある開発行為
　　 に対して, 指導勧告を超えて是正命令を出すような厳しい規制措置を行うことは難し
　　 かった. こうした状況の中, 景観法は, 景観を正面から捉えた基本的な法制として平
　　 成 16 年に制定された.

[イ] 「文化的景観」は, わが国では文化財保護法によって「地域における人々の生活また
　　 は生業および当該地域の風土により形成された景観地でわが国民の生活または生業
　　 の理解のため欠くことのできないもの」として定義された. これは, 棚田などの農耕
　　 に関する景観地や, 鉱山や工場群などの採掘・製造に関する景観地など, その地の日々
　　 の生活に根ざした身近な景観の文化的な価値を正しく評価し, 地域で護り継承してい
　　 くことを意図して位置づけられた概念である.

[ウ] 景観に関するまちづくりを進めるため, 公共空間の整備などの事業と, 周辺地域や沿
　　 道における民地の建築行為の規制・誘導を連動することにより, 効果を上げることを
　　 目指す地区が多い. こうした民地の建築行為の規制・誘導のルールには, 都市計画法
　　 にもとづく地区計画や建築基準法にもとづく建築協定, 景観法にもとづく景観協定と
　　 いったものがある. しかし, これらはいずれも対象地区に住む住民がそれらのルール
　　 の運営に参加できない.

（国家公務員総合職試験[大卒程度試験]）

【解答】[ア]＝正（記述の通りです), [イ]＝正（記述の通りです), [ウ]＝誤（**地区計画**は,
都市計画法に定められている, **住民の合意**にもとづいてそれぞれの地区の特性にふさわしい
まちづくりを誘導するための計画です. このことを知っていれば, 誤であることがわかると
思います）

【問題 8.7（まちづくり諸制度）[やや難]】わが国における官民連携まちづくり諸制度に関する記述[ア]〜[エ]の下線部についてすべてが妥当なものを選びなさい.

[ア] 都市における道路空間利用のニーズの高まりや，厳しい財政事情の中での民間資金の活用の拡大の要請を踏まえ，都市再生特別措置法に基づく都市再生整備計画の区域内においては，道路管理者が指定した区域に設けられる<u>各種商業施設</u>など，地域の活性化やにぎわいの創出に寄与しつつ，民間のビジネスチャンスにもつながる施設等のための<u>道路占用</u>について，その許可基準を緩和する特例制度が設けられている.

[イ] NPO 法人やまちづくり会社等のまちづくり団体に公的な位置づけを付与するため，市町村は<u>都市再生推進法人</u>を指定することができる. 同法人は市町村に対する都市再生整備計画の提案や土地所有者等との<u>都市利便増進協定</u>の締結が可能であり，官民の連携したまちづくりの推進が期待される.

[ウ] エリアマネジメント団体が実施する地域再生に資する活動の費用を，活動区域内における<u>3 分の 2 以上の地権者</u>の同意を要件として，その受益の限度において，当該区域内の受益者たる地権者から市町村が徴収し，これを当該団体に交付する制度を，<u>地域再生エリアマネジメント負担金制度</u>という. 本制度は平成 30 年の地域再生法の一部改正により創設された.

[エ] 利用料金の徴収を行う公共施設について，当該施設の<u>所有権を公共主体が有したまま</u>，その運営権を長期的かつ包括的に民間事業者に設定する事業を<u>コンセッション事業</u>という. <u>公共主体が所有</u>する公共施設等について，民間事業者による安定的で自由度の高い運営を可能とすることにより，利用者ニーズを反映した質の高いサービスを提供することが狙いである.

（国家公務員総合職試験[大卒程度試験]）

【解答】[ア]＝誤（**都市再生特別措置法の一部を改正する法律**の要点は，「特定都市再生緊急整備地域において，道路の上部空間を優良な民間都市開発プロジェクトの空間として特例的に活用できるようにする」，「都市における道路空間利用のニーズの高まりや厳しい財政事情の中での民間資金の活用の拡大の要請を踏まえ，道路空間のオープン化を推進するため，都市再生整備計画の区域内において道路管理者が指定した区域に設けられる広告塔等，食事施設等，自転車駐車器具の占用許可基準の特例制度を創設する」ことです. よって，<u>各種商業施設</u>は誤りです），[イ]＝正（**都市再生推進法人**とは，都市再生特別措置法に基づき，地域のまちづくりを担う法人として，市町村が指定するものです. 市町村は，まちづくりの新たな担い手として行政の補完的機能を担いうる団体を指定することができます. また，**都市利便増進協定**とは，都市再生特別措置法に基づき，地域のまちづくりのルールを地域住民が自主的に定めるための協定制度で，地域のエリアマネジメントを継続的に取り組む際に活用することが期待されます），[ウ]＝誤（**地域再生エリアマネジメント負担金制度**とは，地域再生に資するエリアマネジメント活動に要する費用を，その受益の限度内において活動区域内の受

益者（事業者）から徴収し，エリアマネジメント団体に交付する官民連携の制度です．よって，地権者ではなく受益者が正しい），[エ]＝正（**コンセッション**とは，利用料金の徴収を行う公共施設について，施設の所有権を公共主体が有したまま，施設の運営権を民間事業者に設定する方式で，下線部はすべて正しい）

第9章

建築設備

【問題9.1（換気）】換気に関する記述[ア]〜[エ]の正誤を答えなさい.

[ア] 機械換気のうち，排気機のみによる換気を第2種機械換気といい，対象室外からの空気の侵入・漏入を許さない手術室などで用いられる.

[イ] 室内の汚染物質許容濃度を満たすための定常状態における必要換気量は，室内の汚染物質発生量を，室内の汚染物質許容濃度と外気の汚染物質濃度の差で除することで求められる.

[ウ] 対象室に同じ大きさの窓が2つある場合，その配置によらず，建物内外の温度差による換気量に差はない.

[エ] 高層建築物では，エレベーター室や階段室の煙突効果により，冬期に地上の出入口から多量の冷たい外気が流入することがあるので注意が必要である.

（国家公務員一般職種試験）

【解答】[ア]＝誤（**第2種機械換気**は給気送風機と自然排気口があるもので，ボイラー室など室内に清浄な空気を供給するのに適しています），[イ]＝正（記述の通りです），[ウ]＝誤（温度差による換気量は，上下開口部中心間の垂直距離を h とすれば，$\sqrt{h}$ に依存します），[エ]＝正（記述の通り，高層建築物では，エレベーター室や階段室の**煙突効果**により，冬期に地上の出入口から多量の冷たい外気が流入することがあるので注意が必要です）

●必要換気量の求め方

ここでは2つの方法を紹介しておきます.

(1) 建築基準法に基づく方法

換気は建築基準法でその規則があり，換気扇だけで行う場合，次のように計算するよう規定されています.

［1人あたりの占有面積から求める方法］

$$必要換気量\ (\mathrm{m^3/h}) = \frac{20 \times 居室の床面積\ (\mathrm{m^2})}{1人あたりの占有面積\ (\mathrm{m^2})}$$

なお，上式中の20 m³/(h・人)は，成人男子が静かに座っているときの CO_2 排出量にもとづいた必要換気量に対応しています.

(2)　汚染物質の発生量から求める方法

　汚染物質が発生するところでは，許容濃度以下に保つための換気量が必要で，次式で必要換気量を算出します．

$$必要換気量\ (m^3/h) = \frac{M}{C - C_0}$$

ここに，M：汚染物質発生量（m³/h），C：室内汚染物質許容濃度（m³/m³），C_0：外気汚染物質濃度（m³/m³）

【問題 9.2（換気）】外気温 0℃，無風の条件の下で，図（問題 9-2）のような上下に開口部を有する断面の建築物 A，B，C があります．室温がいずれも 20℃，開口部の中心間の距離がそれぞれ 3m，2m，1m，上下各々の開口面積がそれぞれ 0.3m²，0.5m²，0.9m² であるとき，換気量の大小関係を求めなさい．ただし，いずれも流量係数は一定とし，中性帯は開口部の中心間の中央に位置するものとします．

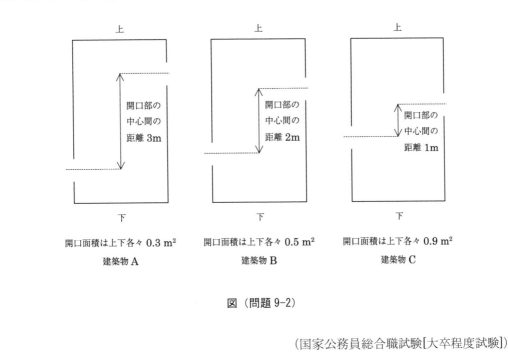

図（問題 9-2）

（国家公務員総合職試験[大卒程度試験]）

【解答】温度差による換気（重力換気）量 Q_g は，次式で求めます．

$$Q_g = \alpha \cdot A \sqrt{2g\,h\left(\frac{t_i - t_0}{273 + t_i}\right)} \tag{a}$$

ここに，αは流量係数，hは上下開口部の中心間の垂直距離，gは重力加速度，Aは開口部面積，t_iは室温，t_oは外気温です．また，Aは開口部面積で，正しくは次式で合計面積を計算する必要があります．

$$\left(\frac{1}{A}\right)^2 = \left(\frac{1}{A_1}\right)^2 + \left(\frac{1}{A_2}\right)^2 \qquad (A_1 = A_2\,ならば，\;A = A_1/\sqrt{2})$$

ただし，上下の開口部面積A_1が等しい場合，換気量の大小を比較するだけなら，簡単のため$A = A_1$と考えても構いません．

式(a)から，室温t_iと外気温t_oおよび流量係数αが一定であれば，**換気量の大小は$A\sqrt{h}$で比較しても構いません**ので，

建築物 A：$A\sqrt{h} = 0.3\sqrt{3} = 0.3 \times 1.732 = 0.520$

建築物 B：$A\sqrt{h} = 0.5\sqrt{2} = 0.5 \times 1.414 = 0.707$

建築物 C：$A\sqrt{h} = 0.9\sqrt{1} = 0.9 \times 1 = 0.900$

したがって，求める答えは，

$$C > B > A$$

となります．

参考までに，問題文中の**中性帯**とは，流入と流出の等しくなる位置のことをいいます．

【問題 9.3（室内の空気環境）】 室内の空気環境に関する記述[ア]〜[エ]の正誤を答えなさい．

[ア] 開口部に風圧力が作用した場合の換気量は，外部風向と開口条件が一定のとき，風圧係数の差の平方根に比例する．

[イ] 便所，浴室，台所の換気については，室内の気圧を周囲の空間よりも低く保つように，一般に，機械換気方式の中で，自然給気と機械排気を行う第3種換気方式を用いる．

[ウ] 温度差による自然換気の効果を高めるためには，給気口と排気口の高低差をなるべく小さくする．

[エ] 空気齢は，室内のある地点における空気の新鮮さを表すものであり，その値が大きいほど，その地点の空気は新鮮である．

（国家公務員一般職種試験）

【解答】 [ア]＝正（換気量は，開口部の解放面積と内外の圧力差の平方根に比例します．圧力差は，風圧係数に比例し，外気風速の2乗に比例するという関係があります．それゆえ，記述の通り，開口部に風圧力が作用した場合の換気量は，外部風向と開口条件が一定のとき，**風圧係数の差の平方根に比例する**という記述は正しいといえます），[イ]＝正（**第3種換気方**

式は，排気ファンと給気口からなります．トイレや台所など，臭気・熱気・汚染空気が発生する場所に排気ファンを設置することにより，周辺への臭気・熱気・汚染空気の拡散を防ぐ効果があります），[ウ]＝誤（**温度差による換気量**は，開口面積のほか，給気口と排気口の高さの差の平方根と，内外の温度差の平方根に比例します），[エ]＝誤（**空気齢**とは，給気口などから部屋に入ってきた空気が室内のある場所に着くまでの時間のことをいい，給気口から入ってきた新鮮な空気が到達するまでの時間が長いほど空気齢が長く，その位置では空気の新鮮度が低くて換気効率が良くないことを表します）

【問題 9.4（空気環境）】空気環境に関する記述[ア]～[エ]の正誤を答えなさい．

[ア] 開口部に風圧力が作用した場合の換気量は，開口部面積と風速に比例する．

[イ] 温度差による自然換気において，外気温度が室内温度よりも低い場合，下方の開口部から外気が流入し，上方の開口部から室内の空気が流出する．

[ウ] 居室の必要換気量は，二酸化炭素濃度 0.01％（100ppm）を基準として算出する．

[エ] 日本産業規格（JIS）において定められている，ホルムアルデヒド放散による区分の表示記号では，「F☆☆☆☆」より「F☆☆☆」の方が放散量は小さい．

(国家公務員一般職種試験)

【解答】[ア]＝正（記述の通り，開口部に風圧力が作用した場合の換気量は，開口部面積と風速に比例します．実際，開口部面積×風速の次元は，$m^2 \times m/s = m^3/s$ となります），[イ]＝正（記述の通り，温度差による自然換気において，外気温度が室内温度よりも低い場合，下方の開口部から外気が流入し，上方の開口部から室内の空気が流出します），[ウ]＝誤（居室の必要換気量は，二酸化炭素濃度 0.1％（1,000ppm）を基準として算出します），[エ]＝誤（**エフ・フォースター**と呼んでいる F☆☆☆☆ の方が放散量は小さくなります．ミシュランの三ツ星レストランにちなんで，☆が多いほど良いと覚えましょう）

【問題 9.5（給排水・衛生設備）】わが国における建築の給排水・衛生設備に関する記述[ア]〜[エ]の正誤を答えなさい.

[ア] 流れのある給水管の急閉時やポンプの停止時などに振動や騒音を引き起こすことをウォーターハンマーと呼ぶ.

[イ] 高置水槽方式における受水槽の有効容量は，一般に，建物での一日使用水量の半分程度とする.

[ウ] 一日当たりの給水量の算定方法には，給水人員から算定する方法と建築物の有効面積から算定する方法がある.

[エ] トラップのあふれ面に糸くずや髪の毛が引っ掛かると，自己サイホン作用により徐々に封水が減少する.

（国家公務員一般職種試験）

【解答】[ア]＝正（記述の通り，流れのある給水管の急閉時やポンプの停止時などに振動や騒音を引き起こすことを**ウォーターハンマー**と呼んでいます），[イ]＝正（記述の通り，**高置水槽方式**における受水槽の有効容量は，一般に，建物での一日使用水量の半分程度です），[ウ]＝正（**計画一日使用水量**の算定には，給水人員から算定する方法があります．また，給水人員が把握できない場合は，建築物の有効面積から算定することもできます），[エ]＝誤（自己サイホン作用ではなく，**毛細管現象**により封水が減少します．なお，**サイホン作用**とは，サイホンの原理によってトラップ封水が吸引されて流下してしまうことをいいますが，トラップ器具自身の排水によって生じるものを**自己サイホン作用**，他の器具の排水により生じる負圧によって起きるものを**誘導サイホン作用**といいます）

●高置水槽方式

　現在までの建物に一番多く採用されている方式．受水槽を設置し，ポンプで高置水槽というサブの水槽に貯水し，自然重力で各戸に配水を行います．受水槽は法定点検が要求されます．ちなみに，高置水槽方式における受水槽の有効容量は，一般に，建物での一日使用水量の半分程度とします．

【問題 9.6（給排水設備）】給排水設備に関する記述[ア]～[エ]の正誤を答えなさい.

[ア] ウォーターハンマーは，水栓などにより配管内の水の流れを瞬間的に閉止した場合に生じる現象である.

[イ] 排水設備の排水タンクの底は，勾配があると滑りやすく危険なため，勾配を設けてはならない.

[ウ] ガス湯沸器の排気筒が防火区画を貫通する場合，排気筒に防火ダンパーを設ける必要がある.

[エ] 衛生器具には，排水トラップを設け，その排水管にもトラップを設置し，二重トラップとする.

(国家公務員総合職試験[大卒程度試験])

【解答】[ア]＝正（記述の通り，**ウォーターハンマー**は，水栓などにより配管内の水の流れを瞬間的に閉止した場合に生じる現象です），[イ]＝誤（排水槽の底は吸い込みピットに向かって 1/15 以上 1/10 以下の勾配をつけ，内部の保守点検を容易かつ安全に行うことができる構造とします），[ウ]＝誤（換気ダクト全体を防火被覆すれば，**防火ダンパー**を設ける必要はありません），[エ]＝誤（**二重トラップ**とは，1 個の器具の配管に直列に 2 個以上のトラップを接続することです．二重トラップは，排水の流れの抵抗が増大して排水不良の原因となるため，日本では禁止されています）

●防火ダンパー

空気調和用ダクトや換気用ダクト内に設置されるダンパー（羽根状の扉や板状の扉）のこと．通常はダクト内に吊り上げられていますが，火災時に温度が上昇するとダンパーに設置してあるヒューズが溶解，自動的にダンパーが下がり，ダクト内を流れる火炎や煙を遮断する仕組みになっています．厨房排気など通常時でも通過温度の高い空気がある場合，ヒューズはより高い温度のものが取り付けられます．厨房排気が外部に出るところも同じですが，この場合は換気扇シャッターで代用することもあります.

【問題 9.7（給排水設備）】給排水設備に関する記述 ［ア］〜［エ］の正誤を答えなさい.

［ア］厨房排水において，グリース阻集器（そしゅうき）に設けられたトラップは，油脂により機能が保てなくなる可能性があったので，さらに臭気防止用の U トラップを設けた.
［イ］一般的な事務所ビルにおいて，給水系統を飲料水と雑用水に分ける場合，飲料水 60％〜70％，雑用水 30％〜40％程度の使用水量の比率で計画する.
［ウ］事務所ビルの給水設備の基本設計において，在勤者一人あたり1日の使用水量を 0.1m³ とした.
［エ］さや管ヘッダー方式は，集合住宅における給水管および給湯管の施工の効率化や配管の更新の容易さを図ったものである.

（国家公務員総合職試験[大卒程度試験]）

【解答】［ア］＝誤（**二重トラップは禁止されています**），［イ］＝誤（事務所ビルは，飲料水 30〜40％，雑用水 60〜70％程度で計画します），［ウ］＝正（**一日平均使用水量**は，「住宅では 200〜400ℓ/居住者一人当たり」，「事務所では 60〜100ℓ/勤務者一人当たり」です），［エ］＝正（記述の通り，**さや管ヘッダー方式**は，集合住宅における給水管および給湯管の施工の効率化や配管の更新の容易さを図ったものです. ちなみに，さや管とは，サヤの中に柔軟性のある配管を入れたものです）

●雑用水と雑排水
①雑用水：便器洗浄などの目的で供給される水.
②雑排水：汚水以外の排水. 台所・風呂等からの排水.
　雑用水には，排水再利用や雨水利用などがあり，飲用水道とは別に雑用水道を設けている地区・地域もあります. 雑用水を中水といいます.
・上水…飲料水
・中水…雑用水
・下水…雑排水・汚水・雨水

●飲料水と雑用水の使用比率
　事務所ビルと住宅では，以下のような割合で計画します.
・事務所ビル
　飲料水 30〜40％，雑用水 60〜70％程度
・住宅
　飲料水 65〜80％，雑用水 35〜20％程度

●さや管ヘッダー工法

　給水・給湯配管方式で，各種の器具への配管を途中で分岐させることなくヘッダーからそれぞれの器具へ直接配管する工法で，集合住宅における給水管および給湯管の施工の効率化や配管の更新の容易さを図ったものです．

●グリース阻集器（そしゅうき）

　グリース阻集器とは，　厨房設備排水中の油脂を冷却凝固させ分離し，配管の閉塞を防止するためのものです．

●グリース・トラップ

　グリース・トラップとは，下水道に直接油が流出することを防ぐ装置で，業務用の厨房では設置が義務付けられています．自然環境に配慮し，油を直接排出しないというのが最大の目的ですが，同時に，悪臭の流出，昆虫や小動物の侵入，排水の逆流を防ぐ目的もあります．グリース・トラップはその構造上，定期的に清掃が必要です．

【**問題 9.8（給排水衛生設備）**】給排水衛生設備に関する記述[ア]〜[エ]の正誤を答えなさい．

[ア] 給水配管内の負圧により汚染水が給水系統に逆流するのを防ぐには，吐水口空間を設けるとよい．

[イ] 給水方式のうち，建物の屋上や給水塔上部に設置された高置水槽にポンプで揚水した後に高低差による圧力を利用して給水するものをポンプ圧送方式という．

[ウ] 器具排水管がほぼ満流となるとき，一種のサイホン現象が生じ，排水の終了後にトラップに残留する封水が少なくなる現象を誘導サイホン作用という．

[エ] 排水横枝管，排水横主管，敷地排水管などの排水横管については，管径に応じて最小勾配が定められている．

（国家公務員一般職種試験）

【**解答**】[ア]＝正（給水栓の吐水口と越流面までの垂直距離を吐水口空間といいます．**吐水口空間は，逆流防止の最も一般的で確実な手段です**），[イ]＝誤（給水方式のうち，建物の屋上や給水塔上部に設置された高置水槽にポンプで揚水した後に，高低差による圧力を利用して給水するものは**高置水槽給水方式**です），[ウ]＝誤（器具排水管がほぼ満流となるとき，一種のサイホン現象が生じ，排水の終了後にトラップに残留する封水が少なくなる現象は**自己サイホン作用**といいます），[エ]＝正（記述の通り，排水横枝管，排水横主管，敷地排水管などの排水横管については，管径に応じて最小勾配が定められています）

●誘導サイホン作用と自己サイホン作用

排水管に水が流されると，その排水の体積分だけ排水管内の空気が押しのけられ，管内の空気圧力が変動します．この圧力変動で，排水管内が負圧（大気圧より低い圧力）になると，排水管に接続されている排水トラップの封水が排水管側へ引っ張られ，封水がなくなってしまうことがあります．これを**誘導サイホン作用**といいます．

一方，洗面器にいっぱい水を溜め，一気に栓を抜くと排水管が満流となり，一種のサイホン現象が生じ，排水の終了後にトラップに残留する封水が少なくなる現象を**自己サイホン作用**といいます

【問題 9.9（給水設備）】 わが国における給水設備に関する記述[ア]〜[エ]の正誤を答えなさい．

[ア] 高置水槽方式では，高置水槽に揚水する際，水道本管の圧力を利用できることから揚水ポンプを小型化でき，省エネルギー化が図れるほか，受水槽を設けないため水質の劣化が少ない．

[イ] ポンプ直送方式を採用する一般的な事務所ビルにおいて，断水時や停電時にも給水が可能となるように，受水槽の容量を1日あたりの予想給水量の3倍として計画した．

[ウ] 受水槽の材質は，その使用目的や使用方法に応じて選定するものであり，FRP，鋼板，ステンレス鋼板のほか，木とすることもできる．

[エ] 上水系統と雑用水系統とを別系統とすることにより，雑用水系統の受水槽は，鉄筋コンクリート造の床下ピットを利用することができる．

（国家公務員総合職試験[大卒程度試験]）

【解答】[ア]＝誤（**高置水槽方式**は受水槽式給水の最も一般的なもので，受水槽を設けて一旦これに受水したのち，ポンプでさらに高置水槽へ汲み上げ，自然流下により給水する方式です），[イ]＝誤（**ポンプ直送方式**は小規模の中層建物に多く使用されている方式で，受水槽に受水したのち，使用水量に応じてポンプの運転台数の変更や回転数制御によって給水する方式です），[ウ]＝正（記述の通り，受水槽の材質は，その使用目的や使用方法に応じて選定するものであり，FRP，鋼板，ステンレス鋼板のほか，木とすることもできます），[エ]＝正（記述の通り，上水系統と雑用水系統とを別系統とすることにより，雑用水系統の受水槽は，鉄筋コンクリート造の床下ピットを利用することができます）

【問題 9.10（建築設備）】 建築設備に関する記述[ア]～[エ]の正誤を答えなさい．

[ア] ナイトパージとは，建物内温度より外気温度が低いときに開口部から外気を建物内に
　　導入し，躯体を冷却することにより，冷房負荷を低減できるものである．

[イ] タスクアンビエント空調とは，作業域とそれ以外の領域をそれぞれ，タスク域，アン
　　ビエント域として分割し，タスク域に集中して冷暖房を行う空調方式である．

[ウ] 蓄熱式空調システムにおいて，氷蓄熱方式は，水蓄熱方式に比べ，蓄熱槽の体積が大
　　きくなる．

[エ] コージェネレーションシステムとは，一つの都市・地域内にある複数の建物に，集中
　　配置された熱源プラントから熱媒を供給し，冷暖房などを行うものである．

（国家公務員総合職試験[大卒程度試験]）

【解答】 [ア]＝正（記述の通りです．ちなみに，"**ナイトパージ**"は"夜間に追放する（夜間
換気）"という意味になります），[イ]＝正（記述の通り，**タスクアンビエント空調**とは，タ
スク域に集中して冷暖房を行う空調方式のことです），[ウ]＝誤（氷蓄熱方式は水から氷への
相変化を利用するので，水蓄熱方式に比べて蓄熱量が 7 倍となり，蓄熱槽容量を 1/7 に小さ
くできます），[エ]＝誤（**コージェネレーションシステム**とは，発電時に発生した排熱を利用
して，冷暖房や給湯などに利用する熱エネルギーを供給する仕組みのことをいいます）

【問題 9.11（建築設備）】 建築設備に関する記述[ア]〜[エ]の正誤を答えなさい.

[ア] 自動火災報知設備の定温式感知器は, 周囲の温度が一定の温度上昇率を超えたときに作動する.

[イ] 閉鎖型スプリンクラー設備は, 湿式, 乾式, 予作動式の 3 種類がある.

[ウ] 照明方式の一つであるタスク・アンビエント照明とは, 特定の部分だけを照明する方式である.

[エ] クロスコネクションとは, 飲料水の給水・給湯系統とその他の系統が, 配管・装置により直接接続されることをいう.

(国家公務員一般職種試験)

【解答】 [ア]＝誤 (**定温式感知器**は, 火災の熱により温度が一定の値を超えた場合に作動します), [イ]＝正 (記述の通り, 水の出口が常に閉じられている**閉鎖型スプリンクラー設備**には, 湿式・乾式・予作動式の 3 種類があります), [ウ]＝誤 (**タスク・アンビエント照明**は, 机上 (タスク) と周辺 (アンビエント) を, それぞれ専用の特性を有する照明設備を組み合わせて照らす方式 (たとえば, 天井照明の明るさを抑え, 手元をデスクライトで明るくする方式) です), [エ]＝正 (記述の通り, **クロスコネクション**とは, 飲料水の給水・給湯系統とその他の系統が, 配管・装置により直接接続されることをいいます)

【問題 9.12（建築設備）】 建築設備に関する記述[ア]〜[エ]の正誤を答えなさい.

[ア] 大便器の洗浄弁における流水時の最低必要圧力は, 一般に 10kPa である.

[イ] 循環式の中央式給湯設備の給湯温度は, レジオネラ属菌対策として, 貯湯槽内で 45℃以上に維持する必要がある.

[ウ] 屋内消火栓設備は, 主に初期消火に用いられる設備である.

[エ] 水噴霧消火設備は, 油火災に対しても有効な設備である.

(国家公務員一般職種試験)

【解答】 [ア]＝誤 (大便器の洗浄弁における流水時の最低必要圧力は, 一般に **70kPa** です), [イ]＝誤 (レジオネラ菌は 20〜45℃の温度の条件で繁殖しやすく, 55℃以上になると死滅します. それゆえ, 「循環式の中央式給湯設備において, 給湯温度は, レジオネラ属菌の繁殖を防ぐために, 貯湯槽内で 60℃以上, 末端の給湯栓でも 55℃以上に保つ必要がある」というのが正しい記述になります), [ウ]＝正 (記述の通り, **屋内消火栓設備**は主に初期消火に用

いられる設備です），[エ]＝正（**水噴霧消火設備**は，スプリンクラー設備と比べて，散水される水の粒が細かく，火災時の熱によって急激に蒸発するときに熱を奪うことによる冷却効果と，燃焼面を蒸気で覆うことによって酸素を遮断する窒息効果によって消火する設備です．それゆえ，水噴霧消火設備は，油火災に対しても有効な設備です）

【問題 9.13（建築設備）】 建築設備に関する記述[ア]〜[エ]の正誤を答えなさい.

[ア] 換気ダクトのダクト直管部における単位長さあたりの圧力損失は，一般に，平均風速の 2 乗に比例する.

[イ] コージェネレーションシステムは，発電を行うとともに，排熱を有効利用し，総合エネルギー効率を向上させ，省エネルギー効果を図ったものである.

[ウ] 需要家の受電電圧の区分として，低圧，高圧，特別高圧があり，低圧は直流および交流ともに 750V 以下である.

[エ] 吸収冷凍機は，主に，圧縮機，凝縮器，発生器，蒸発器で構成される.

（国家公務員一般職種試験）

【解答】 [ア]＝正（記述の通り，**換気ダクト**においてダクト直管部における単位長さあたりの圧力損失は，一般に，平均風速の 2 乗に比例します），[イ]＝正（記述の通り，**コージェネレーションシステム**は，発電を行うとともに，排熱を有効利用し，総合エネルギー効率を向上させ，省エネルギー効果を図ったものです），[ウ]＝誤（低圧：直流では 750V 以下，交流では 600V 以下のもの，高圧：直流では 750V を，交流では 600V を超えいずれも 7,000V 以下のもの，特別高圧：7,000V を超えるものです），[エ]＝誤（これは**圧縮冷凍機**の記述です．これに対して，**吸収冷凍機**は，吸収力の高い液体に冷媒を吸収させて発生する低圧によって，別の位置の冷媒を気化させて低温を得る冷凍機のことです）

●吸収（式）冷凍機

吸収式冷凍機は，吸収力の高い液体に冷媒（冷房・冷凍機で，温度を下げるために用いる熱媒体となる物質のこと．冷媒には特定フロン・代替フロン・アンモニアなどがあります）を吸収させて発生する低圧によって，別の位置の冷媒を気化させて低温を得る冷凍機のことです.

●需要家の受電電圧

電圧は次の区分により，低圧，高圧および特別高圧の 3 種類があります.

①低圧：直流では 750V 以下，交流では 600V 以下のもの

158

②高圧：直流では 750V を，交流では 600V を超えいずれも 7,000V 以下のもの
③特別高圧：7,000V を超えるもの

【問題 9.14（建築設備）】 わが国における建築設備に関する記述[ア]〜[エ]の正誤を答えなさい．

[ア] 排水トラップは，衛生害虫や臭気などの室内への侵入を防止することを目的として設ける．

[イ] 水道直結方式は，水道本管の圧力を直接利用し，屋上に設けた高置水槽へ揚水した後，重力によって建物内の必要箇所に給水する方式である．

[ウ] 変風量単一ダクト方式（VAV 方式）は，各ゾーンまたは各室の負荷変動に応じて，送風量を個別制御することはできない．

[エ] 便器の洗浄水に中水を利用する場合も，温水洗浄便座の給水には，上水を用いる．

（国家公務員一般職種試験）

【解答】[ア]＝正（記述の通り，**排水トラップ**は，衛生害虫や臭気などの室内への侵入を防止するために設けています），[イ]＝誤（**水道直結方式**は，配水管内の水圧を利用して，受水槽を介することなく各住戸等に直接給水する方式です），[ウ]＝誤（**変風量単一ダクト方式（VAV 方式）**は，各ゾーンまたは各室の負荷変動に応じて，送風量を個別制御できます），[エ]＝正（記述の通り，便器の洗浄水に中水を利用する場合も，温水洗浄便座の給水には，上水を用います．なお，**中水**とは，飲むことはできませんが，人体に影響を及ぼさない形で再利用される水のことで，水洗トイレや工業用水などに利用されています）

【問題 9.15（電気設備）】電気設備に関する記述［ア］〜［エ］の正誤を答えなさい.

［ア］一般に，契約電力が 100kW である場合，供給電圧が高圧となるので，受変電設備が必要となる.

［イ］スポットネットワーク受電方式は，1 回線受電方式に比べて停電しにくい受電方式であり，供給信頼度の高い大容量を必要とする建築物に採用される.

［ウ］住宅用の照明やコンセントの電気配線方式として，一般に，三相 4 線式（240/415V）が用いられる.

［エ］周囲の状況によって安全上支障がない場合を除き，高さ 10m を超える全ての建築物には避雷設備が必要である.

（国家公務員総合職試験[大卒程度試験]）

【解答】［ア］＝正（記述の通り，一般に，契約電力が 100kW である場合，供給電圧が高圧となるので，**受変電設備**が必要となります），［イ］＝正（記述の通り，**スポットネットワーク受電方式**は，1 回線受電方式に比べて停電しにくい受電方式であり，供給信頼度の高い大容量を必要とする建築物に採用されています），［ウ］＝誤（三相 4 線式は，三相交流電力を 4 本の電線・ケーブルを用いて供給する配電方式で，電動機などの三相 415V 負荷や高周波点灯蛍光灯などの単相 240V 負荷を使用する，需要電力の多い建築物の構内バスダクト幹線などに用いられます），［エ］＝誤（建築基準法によれば，避雷設備の設置が必要な建築物・工作物とは，「**高さ 20m を超える建築物**」，「煙突・広告塔・高架水槽・擁壁等の工作物および昇降機・ウォータシュート・飛行塔等の工作物で，高さ 20m を超える部分」です）

●スポットネットワーク受電

スポットネットワーク受電は特別高圧受電方式の一つで，主として人口 100 万人を超えるような大都市で使用されています. 特徴としては，供給信頼度が極めて高い（停電する確率が低い），停電・復電操作も自動化されており運用がしやすいといったメリットがある反面，設備建設費が高い，制御方式が複雑なため工事や修理，点検整備などには十分な知識と経験が必要であるといったデメリットがあります.

【**問題 9.16（防災計画）**】わが国における防災計画に関する記述[ア]〜[エ]の正誤を答えなさい.

[ア] 特別避難階段の附室において,避難者の滞留を最小限にするため,廊下から附室への入口と,附室から階段室への出口とを隣接させた.

[イ] 非常用エレベーターは,平常時には通常の人荷用エレベーターとして使用できるが,非常時には消防隊の消火・救助活動に使用されるため,非常用エレベーターを経由しない避難経路を計画した.

[ウ] 避難経路はわかりやすくするとともに,群衆の行動法則の一つである慣性行動を考慮して,日常では使わない非常階段を使用する計画とした.

[エ] 室内で火災が次第に拡大して可燃性ガスが室の上部にたまり,それがある段階で一気に引火して室全体が爆発的燃焼を起こすフラッシュオーバーまでの時間を延ばすため,内装材の不燃化やスプリンクラーの設置を行った.

(国家公務員総合職試験[大卒程度試験])

【**解答**】[ア]＝誤(**特別避難階段**とするためには,屋内と階段室とはバルコニーまたは附室を通じて連絡させなければなりません.階段室には,附室に面する部分以外に,屋内に面して開口部を設けることはできません),[イ]＝正(記述の通り,非常用エレベーターを経由しない避難経路を計画したのは正しい),[ウ]＝誤(避難経路は,可能な限り,日常と同じ経路を使うことが望ましい),[エ]＝正(記述の通り,**フラッシュオーバー**までの時間を延ばすため,内装材の不燃化やスプリンクラーの設置を行ったのは正しい)

第 10 章

住環境と省エネルギー

【問題 10.1（照明）】建築における照明に関する記述[ア]～[エ]の正誤を答えなさい.

[ア] 演色性とは，光源によって照らしたとき，その物体の色の見え方を決める光源の性質のことであり，光源の分光分布によって決まる.

[イ] 点光源による直接照度は，その点光源からの距離に反比例する.

[ウ] 天井の隅や壁の最上部に光源を隠し天井面を照射するコーブ照明は，建築化照明の一種である.

[エ] タスク・アンビエント照明は，全般照明のみからなる.

(国家公務員一般職種試験)

【解答】[ア]＝正（記述の通り，**演色性**とは，光源によって照らしたとき，その物体の色の見え方を決める光源の性質のことであり，光源の分光分布によって決まります），[イ]＝誤（**点光源の逆 2 乗法則**として知られているように，距離の 2 乗に反比例します），[ウ]＝正（記述の通り，天井の隅や壁の最上部に光源を隠し天井面を照射する**コーブ照明**は，建築化照明の一種です），[エ]＝誤（**タスク・アンビエント照明**は，アンビエント照明で部屋全体の最低限の明るさを確保し，作業に必要な場所にのみタスク照明を用います．それゆえ，室内全体を均等の照度とする全般照明ではありません）

●全般照明と局部照明

全般照明は，室内全体あるいは対象物全体を一様な明るさにする照明のことです．これに対して，**局部照明**は特定の対象物を最適の方向から照明する方法で，室内全体を均等の照度とする全般照明（均一照明）に比べて，希望の方向から希望の照度が得られ，照明の効果をあげる利点があります．また，照明率が高いので電力費が少なくて済みます．

●コーブ照明

天井の隅や壁にくぼみや庇を設け，その内部に光源を隠して天井面に柔らかな光を拡散させる（天井に光を反射させる）照明手法で，最も一般的な間接照明です．天井面を明るくすることで，天井方向の広がり感を与え，閉塞感を緩和することができますので，室内全体が柔らかい雰囲気になります．天井があまり高くない広い空間に有効とされています.

●コーニス照明

コーニス照明とは壁に光を反射させる間接照明の手法で，壁を明るくすることで空間の広がり感を演出します．コーブ照明と同様，照明器具が見えないように配慮し，光だけが壁面を照らすように射光角を計算します．壁面の凹凸を目立たせてしまうことがあるので，特に壁面の材料には注意が必要です．

【問題 10.2（光環境）】光環境に関する記述[ア]〜[エ]の正誤を答えなさい．

[ア] 点光源から距離r離れた光源直下の点の水平面照度は，距離rに反比例する．

[イ] 視野内の高輝度部分の存在や輝度対比によって生ずる視力低下や疲労，不快などの障害をグレアという．

[ウ] 暗所では，明所に比べて赤い光を暗く，青い光を明るく感じる．これをプルキンエ現象という．

[エ] 形，面積，材質が同じ窓の場合，周囲に障害物がなければ，側窓は天窓より採光上有利である．

（国家公務員一般職種試験）

【解答】[ア]＝誤（点光源から距離r離れた光源直下の点の水平面照度は，r^2に反比例します），[イ]＝正（記述の通り，視野内の高輝度部分の存在や輝度対比によって生ずる視力低下や疲労，不快などの障害を**グレア**といいます），[ウ]＝正（記述の通り，暗所では，明所に比べて，赤い光を暗く青い光を明るく感じますが，これを**プルキンエ現象**といいます），[エ]＝誤（形，面積，材質が同じ窓の場合，周囲に障害物がなければ，天窓は側窓より採光上有利です）

【問題 10.3（建築設備）】 建築設備に関する用語の記述[ア]～[エ]の正誤を答えなさい.

[ア] CEC とは，設備設計における省エネルギー性を評価するもので，設備の年間消費エネルギーを設備の年間仮想消費エネルギーで除した値で表され，この値が大きいほど省エネルギー性が高い.

[イ] BOD とは，水の有機物汚染の指標の一つで，好気性微生物が水中の有機物を分解する際に必要とする酸素量を表し，この値が大きいほど水の汚染度は高い.

[ウ] PMV とは，温熱環境指標の一つで，温熱環境の 6 要素を含めた指標であり，この値が大きいほど大多数の人が暑いと感じる.

[エ] COP とは，冷凍機の効率を表す値で，所要仕事量の熱当量を冷凍量で除した値をいい，この値が小さい冷凍機ほど効率が良い.

(国家公務員総合職試験[大卒程度試験])

【解答】[ア]＝誤（**CEC** は，機械換気・照明・昇降機などでは，年間消費エネルギーを年間仮想消費エネルギーで除した値で表され，この値が小さいほど省エネルギー性が高い. なお，空調・給湯では，年間消費エネルギーを年間仮想負荷で除した値として表されます），[イ]＝正（記述の通り，**BOD** とは，水の有機物汚染の指標の一つで，好気性微生物が水中の有機物を分解する際に必要とする酸素量を表し，この値が大きいほど水の汚染度は高い），[ウ]＝正（**PMV** は，気温，湿度，気流，熱放射のほか，代謝量と着衣量を考慮した温熱環境指標で，記述の通り，この値が大きいほど大多数の人が暑いと感じます），[エ]＝誤（**COP** とは Coefficient of Performance の略語で，機器に入力されたエネルギーによってどれだけのエネルギーが出力できるかを数値で示した成績係数を表しています. したがって，ルームエアコンであれば，COP の値が大きいほど効率が良く，省エネルギー対策になるといえます）

【問題 10.4（地球環境へ配慮した建築物）】 わが国における地球環境へ配慮した建築物の整備に関する記述 [ア]〜[エ] の正誤を答えなさい.

[ア] 機械力に頼らず建築物の形態や材料から省エネルギーを図る手法をパッシブ手法といい, 機械力を利用して省エネルギーを図る手法をアクティブ手法という.

[イ] 夏の冷房負荷を減らし, かつ冬の暖房負荷も減らすためには, 庇のない大きな窓を南向きに設け, 東や西に向いた壁面は断熱性能を低くしておかねばならない.

[ウ] 一つの建築物の生産から廃棄に至るまでには, 設計, 建設, 運用（空調・照明・給湯・保全・修繕など）, 廃棄というライフサイクルの各段階があるが, この中では一般的に, 建築物の建設に費やされるコストが最も大きく, 運用で費やされるコストが最も小さい.

[エ] 膨大な建築ストックを抱えるわが国において, 環境負荷を低減するためには, 適切な改修技術による既存建築物の長寿命化が重要である.

(国家公務員総合職試験[大卒程度試験])

【解答】 [ア]＝正（記述の通り, 機械力に頼らず建築物の形態や材料から省エネルギーを図る手法を**パッシブ手法**といい, 機械力を利用して省エネルギーを図る手法を**アクティブ手法**といいます）, [イ]＝誤（空調設備を例にとると, 夏場：室外機によしずなどをかけるなどして直射日光を避けることで, 室外機本体および周辺の温度が下がり, 空調機の負荷を低減することができ, 省エネになります. 冬場：冬期の暖房時には, 大気中の熱をくみ上げて室内に熱を送っているため, よしずなどをはずして, 室外機に直射日光をあてた方が, 室外機本体および周辺の温度が上がり, 空調機の負荷を低減することができます）, [ウ]＝誤（建物の用途別によってライフサイクルコストの割合は異なりますが, 通常は運用で費やされるコストが最も高くなります）, [エ]＝正（記述の通り, 膨大な建築ストックを抱えるわが国において, 環境負荷を低減するためには, 適切な改修技術による既存建築物の**長寿命化**が重要です）

【**問題 10.5（地球環境に配慮した建築物）**】地球環境に配慮した建築物の整備に関する記述[ア]〜[エ]の正誤を答えなさい.

[ア] パッシブデザインは，対象地域の気候や風土を十分に把握した上で，特別な装置や動力を用いる機械的手法を主体とした設計手法である.

[イ] 建築物の西側に落葉樹を植えることは，一般に，日射の温熱環境への影響の調整に有効である.

[ウ] ヒートアイランド現象の緩和に向けて適切に対応するために，敷地内の舗装面積は小さくするように努め，舗装する場所には保水性・透水性が低い被覆材を選定した.

[エ] ヒートポンプの熱源に地下水を利用すると，一般に，外気を用いる場合に比べてエネルギー効率が低い.

(国家公務員総合職試験[大卒程度試験])

【**解答**】[ア]＝誤（**パッシブデザイン**は特別な機械装置を使わずに，建物の構造や材料などの工夫によって熱や空気の流れを制御し，快適な室内環境をつくりだす手法のことです），[イ]＝正（樹木も日射を遮へいするために有効です. 南側の庭先に中高木落葉樹を植えることにより，夏には遮光の効果が期待でき，日射の必要な冬季には樹木の葉が落ち，十分に日射を取り込むことができます. また，西側にも中高木落葉樹を植えると特に暑いと感じる夏の西日を遮へいすることができます），[ウ]＝誤（舗装する場所には，保水性・透水性が高い被覆材を選定するよう努めることが大切です），[エ]＝誤（地中熱は，一般的には**ヒートポンプ**という装置によって冷暖房や給湯のための熱源として利用されます. 日本中のどこでも，地中の温度は年間を通して年間平均気温程度でほぼ一定であることが地中熱の大きな特徴です. この地中の温度特性により，冬は外気より温度が高い地中から熱エネルギーを供給(採熱)し，夏は外気より温度が低い地中へ熱エネルギーを排出(放熱)することができます. これにより，従来の空気を熱源とするエアコンの空調システムに比べて無理なく効率的な空調システム運転が可能となり，結果として大きな省エネ効果が生じることになります）

第 11 章

建築関連法規

【**問題 11.1（建築法規）**】建築法規に関する記述[ア]〜[エ]の正誤を答えなさい.

[ア] 建築基準法上，設計図書を作成した者のことを建築主という.

[イ] 建築基準法上，建築物の延べ面積の敷地面積に対する割合を容積率という.

[ウ] 一級建築士のうち，技術上の高度な専門能力が必要とされる一定規模以上の建築物の構造設計と設備設計に関与すべき者として，構造設計一級建築士と設備設計一級建築士の資格がある.

[エ] 建築確認を受けようとする場合，建築基準法令の規定のほか，建築基準法施行令に掲げる消防法や屋外広告物法等の規定で建築物の敷地，構造または建築設備に係るものに適合する必要がある.

（国家公務員一般職種試験）

【**解答**】[ア]＝誤（建築主とはその建物を建てようとするオーナーすなわち建物の持ち主のことで，設計図書は国土交通省令で定める資格を有する者が作成したものでなければなりません），[イ]＝正（記述の通り，建築物の延べ面積の敷地面積に対する割合を**容積率**といいます），[ウ]＝正（記述の通り，一級建築士のうち，技術上の高度な専門能力が必要とされる一定規模以上の建築物の構造設計と設備設計に関与すべき者として，**構造設計一級建築士**と**設備設計一級建築士**の資格があります），[エ]＝正（記述の通り，建築確認を受けようとする場合，建築基準法令の規定のほか，建築基準法施行令に掲げる消防法や屋外広告物法等の規定で建築物の敷地，構造または建築設備に係るものに適合する必要があります）

【**問題** 11.2（**建築士法**）】わが国における建築士法に関する記述[ア]～[エ]の正誤を答えなさい.

[ア] 「設計図書」とは建築物の建築工事の実施のために必要な図面（現寸図その他これに類するものを除く）および仕様書を,「設計」とはその者の責任において設計図書を作成することをいう.

[イ] 二級建築士は, 延べ面積が 1,500m², 階数が 3 の鉄筋コンクリート造で, 事務所の用途に供する建築物を新築する場合, その設計をすることができる.

[ウ] 一級建築士でない者であっても, 一級建築士を使用する者で所定の条件に該当する場合は, 一級建築士事務所を開設することができる.

[エ] 建築士事務所を管理する一級建築士は, 当該建築士事務所に属する他の一級建築士の設計した設計図書の一部を変更しようとする場合, 当該一級建築士の承諾を求めることなく, 管理建築士としての権限で, その設計図書の一部を変更することができる.

(国家公務員総合職試験[大卒程度試験])

【**解答**】[ア]＝正（記述の通り,「**設計図書**」とは建築物の建築工事の実施のために必要な図面（現寸図その他これに類するものを除く）および仕様書を,「**設計**」とはその者の責任において設計図書を作成することをいいます）, [イ]＝誤（二級建築士は, 一級建築士に比べて設計できる建物の規模と構造に制限があります. 簡単に言えば,「戸建住宅程度の規模」が対象で, 木造建築物の設計なら 3 階建てまでが基本です. 建物高さ 13m, 軒高 9m を超える建物は設計できません. 築物の延べ面積も制限を受け, 1,000 m² 以上の建築物設計は認められていません）, [ウ]＝正（記述の通り, 一級建築士でない者であっても, 一級建築士を使用する者で所定の条件に該当する場合は, 一級建築士事務所を開設することができます）, [エ]＝誤（一級建築士であっても, 他の建築士が設計した設計図書の一部を変更する場合には, その建築士の承諾を求めなければなりません）

【問題 11.3（建築基準法）】建築基準法令の用語に関する記述[ア]〜[エ]の正誤を答えなさい.

[ア] 屋根と柱のある土地に定着する建築物に附属する，土地に定着する門や塀は，「建築物」に含まれない.

[イ] 「地階」とは，床が地盤面下にある階で，床面から地盤面までの高さがその階の天井高さの 1/3 以上のものをいう.

[ウ] 「主要構造部」とは，基礎，柱などで，建築物の自重もしくは積載荷重，積雪荷重，風圧，土圧もしくは水圧または地震その他の震動もしくは衝撃を支えるものをいう.

[エ] 建築物に関する工事用の図面（現寸図その他これに類するものを除く）および仕様書は，「設計図書」に該当する.

（国家公務員総合職試験[大卒程度試験]）

【解答】[ア]＝誤（屋根と柱のある土地に定着する建築物に附属する，土地に定着する門や塀も，「**建築物**」に含まれます），[イ]＝正（記述の通り，「**地階**」とは，床が地盤面下にある階で，床面から地盤面までの高さがその階の天井高さの 1/3 以上のものをいいます），[ウ]＝誤（**主要構造部**とは，壁，柱，床，はり，屋根または階段をいい，建築物の構造上重要でない間仕切壁，間柱，附け柱，揚げ床，最下階の床，廻り舞台の床，小ばり，ひさし，局部的な小階段，屋外階段その他これらに類する建築物の部分を除くものです．一般的に使われる"構造上重要な部分"という言葉は，建築基準法では**構造耐力上主要な部分**として別に定義されています），[エ]＝正（記述の通り，建築物に関する工事用の図面（現寸図その他これに類するものを除く）および仕様書は，「**設計図書**」に該当します）

●地階

わが国の建築基準法施行令では，床面が地盤面より下（地下）にあり，その低さが天井高さの 1/3 以上ある階のことをいいます．それゆえ，最大で天井高さの 2/3 までなら地上に出ても構いません.

【**問題 11.4（建築基準法令）**】建築基準法令に関する記述［ア］〜［エ］の正誤を答えなさい.

［ア］建築基準法令には，建築物の敷地，構造，設備および用途に関する最低の基準が定められている.
［イ］建築基準法令の改正の時点で工事中の建築物について，それ以前の建築基準法令の規定には適合していたが，新しい規定には適合しない状態となる場合にも，新しい改正後の規定が適用される.
［ウ］特定行政庁は，建築基準法令の規定に適合しない建築物の建築主等に対し，改築，修繕，使用禁止，使用制限その他の必要な措置を命じることができる.
［エ］建築基準法令の規定に違反した場合には，その内容に応じ，3 年以下の懲役または 300 万円以下の罰金，法人の場合は 1 億円以下の罰金が適用される.

(国家公務員一般職種試験)

【**解答**】［ア］＝正（記述の通り，**建築基準法令**には，建築物の敷地，構造，設備および用途に関する最低の基準が定められています），［イ］＝誤（**建築基準法は原則として着工時の法律に適合することを要求している**ため，そのまま使用していてもただちに違法というわけではありませんが，増築や建替え等を行う際には，原則として法令に適合するよう建築しなければなりません），［ウ］＝正（記述の通り，特定行政庁は，建築基準法令の規定に適合しない建築物の建築主等に対し，改築，修繕，使用禁止，使用制限その他の必要な措置を命じることができます），［エ］＝正（記述の通り，建築基準法令の規定に違反した場合には，その内容に応じ，3 年以下の懲役または 300 万円以下の罰金，法人の場合は 1 億円以下の罰金が適用されます）

●既存不適格

　既存不適格は，建築時には適法に建てられた建築物であって，その後，法令の改正や都市計画変更等によって現行法に対して不適格な部分が生じた建築物のことをいいます. 建築基準法は原則として着工時の法律に適合することを要求しているため，着工後に法令の改正など，新たな規制ができた際に生じることになります. そのまま使用していてもただちに違法というわけではありませんが，増築や建替え等を行う際には，原則として法令に適合するよう建築しなければなりません.

【問題 11.5（建築基準法）】 次の記述[ア]～[エ]のうち，建築基準法の規定に適合するもののみを挙げているものを解答群から選びなさい．

[ア] 建築物の主要構造部が耐火構造であり，その外壁の開口部で延焼のおそれのある部分に，防火戸を有しているものは，「耐火建築物」である．

[イ] 建築物の主要構造部が準耐火構造であり，その外壁の開口部で延焼のおそれのある部分に，難燃材料を有しているものは，「準耐火建築物」である．

[ウ] 「耐火性能」とは，通常の火災時における火炎を有効に遮るために壁，柱，床その他の建築物の部分に必要とされる性能をいう．

[エ] 「防火性能」とは，建築物の周囲において発生する通常の火災による延焼を抑制するために建築物の外壁または軒裏に必要とされる性能をいう．

1. [ア], [イ]
2. [ア], [ウ]
3. [ア], [エ]
4. [イ], [ウ]
5. [イ], [エ]

（国家公務員総合職試験[大卒程度試験]）

【解答】準耐火建築物とは，主要構造部が準耐火構造（または政令で定める技術的基準に適合するもの）で，かつ，外壁の開口部で延焼のおそれのある部分に**防火設備を備えた建築物**のことです．それゆえ，答えは[イ]が含まれない2か3であると推察されます．ところで，**耐火性能**とは，通常の火災が終了する（"燃え尽きる"あるいは"下火になる"）までの間，建物の倒壊や延焼を防ぐために，建物の間仕切り壁や外壁，柱，床，梁などに求められる防火の性能のことですので，[ウ]を含まない3が答えであることがわかります．

●建築物の防火構造

建築基準法では建築物全体の防火上の構造制限のために，4種類の建築物を定義しています．

1. 耐火構造

通常の火災が終了するまで，その建築物が倒壊しないことおよび屋外に火災を出さず，他の建築物を延焼させない構造．

2. 準耐火構造

通常の火災による延焼を抑制する構造で耐火構造に準ずる構造．

3. 防火構造

建築物の周囲において発生する通常の火災による延焼を抑制する外壁または軒裏の構造．

4. 準防火構造

　建築物の周囲において発生する通常の火災による延焼の抑制に一定の効果を発揮するための外壁または軒裏の構造.

●防火性能

　建物の周囲で火災などが発生した場合に，その火災を抑制するために外壁や軒裏などに求められる性能のことです.

【**問題 11.6（建築法規）**】建築法規に関する記述[ア]〜[エ]の正誤を答えなさい.

[ア] 地方公共団体は，災害危険区域内における住居の用に供する建築物の建築を禁止することはできない.

[イ] 建築基準法には，建築物の所有者，管理者または占有者は，その建築物の敷地，構造および建築設備を常時適法な状態に維持するように努めなければならないことが定められている.

[ウ] 防火地域においては，建築物は全て耐火建築物としなければならない.

[エ] 建築物の耐震改修の促進に関する法律における耐震改修とは，地震に対する安全性の向上を目的として，増築，改築，修繕，模様替もしくは一部の除却または敷地の整備をすることをいう.

（国家公務員一般職種試験）

【**解答**】[ア]＝誤（建築基準法第 39 条第 1 項の規定に基づく「災害危険区域」に指定をして住宅の建築を制限することができます），[イ]＝正（記述の通り，建築基準法には，「建築物の所有者，管理者または占有者は，その建築物の敷地，構造および建築設備を常時適法な状態に維持するように努めなければならない」ことが定められています），[ウ]＝誤（防火地域内の建築物で延べ面積が 100m^2 を超えるものは，耐火建築物にしなければなりません），[エ]＝正（記述の通り，**建築物の耐震改修の促進に関する法律**における耐震改修とは，地震に対する安全性の向上を目的として，増築，改築，修繕，模様替もしくは一部の除却または敷地の整備をすることをいいます. 参考までに，この法律において「**耐震診断**」とは，地震に対する安全性を評価することをいいます）

【問題 11.7（建築基準法）】建築基準法に関する記述[ア]〜[エ]の正誤を答えなさい.

[ア] 重要文化財に指定された建築物についても，建築基準法の規定が適用される.

[イ] 既存の建築物の木造の屋外階段を鉄骨造に取り替えることは，大規模の修繕に該当する.

[ウ] 特定行政庁とは，建築主事を置く市町村の区域については，原則として，当該市町村の長をいう.

[エ] 建築物の敷地は，原則として，道路に 2m 以上接しなければならない.

（国家公務員総合職試験[大卒程度試験]）

【解答】[ア]＝誤（**文化財保護法**によって，国宝・重要文化財等に指定または仮指定された建築物については建築基準法の規定は適用されないため，建築確認の手続は必要ありません），[イ]＝誤（既存の建築物の木造の屋外階段を鉄骨造に取り替えることは，大規模の修繕に該当しません），[ウ]＝正（記述の通り，特定行政庁とは，建築主事を置く市町村の区域については，原則として，当該市町村の長をいいます），[エ]＝正（**接道義務**であり，建築物の敷地は，原則として，道路に 2m 以上接しなければなりません）

● 特定行政庁

　特定行政庁は建築主事を置く市町村および特別区の長，その他の市町村および特別区では都道府県知事を指します．特定行政庁となると，建築主からの建築確認申請に基づく建築確認を行い，検査済証を発行することができるほか，建築許可や違反建築物に対する措置命令など建築基準法に基づく行政行為を行うことができます.

● 接道義務

　接道義務とは，建築基準法第 43 条の規定により，建築物の敷地が道路に 2m（ないし 3m）以上接しなければならないというものです．都市計画区域と準都市計画区域内でだけ存在し，都市計画決定されていない区域では接道義務はありません.

　この条文は，ある建築物の敷地が道路とつながっていることを義務づけることで，たとえば災害時の避難経路の確保や，消防車や救急車などの緊急車両が接近する経路を確保することが目的です．また，建築基準法では，道路はその上空が開放された空間であることを前提としていることから，敷地と道路が接していることは敷地の一部が開放空間と接しているという意味でもあります．これは衛生上（通風や排水など）の問題とされています.

【問題 11.8（建築基準法）】建築基準法に関する記述[ア]〜[エ]の正誤を答えなさい.

[ア]「建築」とは，建築物の新築，増築，改築だけでなく，移転も含まれる.

[イ]「特定行政庁」とは，建築主事を置く市町村の区域については当該市町村の長をいい，その他の市町村の区域については，近隣の建築主事を置く市町村の長をいう.

[ウ] 階数が 3 以上の木造建築物を新築する場合，完了検査の検査済証の交付を受ける前において，特定行政庁が，安全上，防火上および避難上支障がないと認めたときは，当該建築物を仮に使用することができる.

[エ]「建蔽率」とは，建築物の建築面積の敷地面積に対する割合をいい，「容積率」とは，建築物の延べ面積の建築面積に対する割合をいう.

（国家公務員一般職種試験）

【解答】[ア]＝正（記述の通り，「建築」とは，建築物の新築，増築，改築だけでなく，移転も含まれます），[イ]＝誤（**建築主事**のいない市町村については，都道府県知事が**特定行政庁**となります），[ウ]＝正（記述の通り，階数が 3 以上の木造建築物を新築する場合，完了検査の検査済証の交付を受ける前において，特定行政庁が，安全上，防火上および避難上支障がないと認めたときは，当該建築物を仮に使用することができます），[エ]＝誤（「**容積率**」は，建築物の延べ面積の敷地面積に対する割合です）

【問題 11.9（建築法規）】建築法規に関する記述[ア]〜[エ]の正誤を答えなさい.

[ア] 特定行政庁は，建築基準法令の規定に違反した建築物の建築主等に対し，当該建築物の改築，修繕，使用禁止，使用制限その他の必要な措置を命じることができる.

[イ] 都市計画区域および準都市計画区域内の建築物の敷地は，原則として道路に 4m 以上接しなければならない.

[ウ] 都市計画区域外では，居室の採光に関する規定が適用されない.

[エ] 管理建築士は，他の建築士事務所の管理建築士を兼ねることはできない.

（国家公務員一般職種試験）

【解答】[ア]＝正（記述の通り，特定行政庁は，建築基準法令の規定に違反した建築物の建築主等に対し，当該建築物の改築，修繕，使用禁止，使用制限その他の必要な措置を命じることができます．なお，**特定行政庁**とは建築主事がいる行政機関のことで，住んでいる市町村の建築課に建築主事がいればその市町村は特定行政庁ですし，建築主事がいなければ都道

府県の関係事務所が特定行政庁ということになります），[イ]＝誤（建築物の敷地は，原則として道路に 2m 以上接していなければなりませんが，建築物の敷地の周囲に広い空地を有する建築物，その他の国土交通省令で定める基準に適合する建築物で，特定行政庁が交通上，安全上，防火上および衛生上支障がないと認めて建築審査会の同意を得て許可したものについては，この限りではありません），[ウ]＝誤（建築基準法は，都市計画区域の内外にかかわらず，適用されます．建築基準法によれば，住宅の居室においては，採光のために，窓その他の開口部を設けなければならないとされています．この住宅の採光のための開口部の面積は，居室の床面積の 7 分の 1 以上でなければなりません），[エ]＝正（記述の通り，管理建築士は，他の建築士事務所の管理建築士を兼ねることはできません）

【問題 11.10（建築法規）】建築法規に関する記述[ア]〜[エ]の正誤を答えなさい．

[ア] 建築基準法の規定は，文化財保護法の規定によって重要文化財として指定された建築物については，適用しない．

[イ] 木造の建築物は，規模にかかわらず，構造計算により構造耐力上の安全性を確かめる必要はない．

[ウ] 建築物の用途のみを変更する場合，変更する用途にかかわらず，建築確認申請は必要ない．

[エ] 建築士は，工事監理を終了したときは，直ちにその結果を文書で建築主に報告しなければならない．

（国家公務員一般職種試験）

【解答】[ア]＝正（記述の通り，建築基準法の規定は，文化財保護法の規定によって重要文化財として指定された建築物については，適用しません），[イ]＝誤（木造の建築物であっても，大規模建築物（階数が 3 以上；延べ面積が 500m² 超；高さが 13m 超；軒の高さが 9m 超のいずれか）は必ず構造計算を行わなければなりません），[ウ]＝誤（用途を変更する場合には，基本的に確認申請を行う必要があります），[エ]＝正（記述の通り，建築士は，工事監理を終了したときは，直ちにその結果を文書で建築主に報告しなければなりません）

【問題 11.11（建築基準法）】建築基準法に関する記述[ア]～[エ]の正誤を答えなさい.

[ア] 居室の天井の高さは，1 室で天井の高さの異なる部分がある場合においては，その平均の高さを 2.1m 以上としなければならない.

[イ] 小学校における児童用の高さ 3.4m の直階段に設ける踊場の踏幅は，1.2m 以上としなければならない.

[ウ] 地上 3 階建ての建築物において，2 階以上の階にあるバルコニーの周囲には，安全上必要な高さが最低 90cm 以上の手すり壁，さくまたは金網を設けなければならない.

[エ] 集会場における階段に代わる傾斜路で，高さが 1.5m，幅が 4m，勾配が 1/8 の場合においては，その中間に手すりを設けなくてもよい.

(国家公務員総合職試験[大卒程度試験])

【解答】[ア]＝正（建築基準法で，**居室の平均天井高さは 2.1m 以上にしなければならない**という規定があります. 1 室で天井の高さの異なる部分がある場合は，その平均の高さを 2.1m 以上としなければなりません. その他の用途の部屋であれば，2.1m 以上の天井高の制限はありません. ちなみに，居室かどうかは空調や収納，テレビの配線などの設備によって判断されます），[イ]＝正（小学校における児童用の階段で高さが 3m を超えるものには，**3m 以内ごとに踊場が必要**であり，その踏幅は 1.2m 以上としなければなりません），[ウ]＝誤（屋上広場または 2 階以上の階にあるバルコニーその他これに類するものの周囲には，安全上必要な高さが **1.1m 以上の手すり壁，さくまたは金網**を設けなければなりません），[エ]＝誤（傾斜路の幅が 3m を超える場合には，原則として，中間に手すりを設けなければなりません. なお，中間の手すりに関して「高さ 1m 以下の階段の部分には適用しない」という規定もありますが，[エ]の記述には「高さが 1.5m」とあるため，その中間に手すりを設けなければなりません）

【用語の定義（すべて正しい記述です）】
1. 屋内水泳場は，**特殊建築物**である.
2. 建築物に設ける消火用のスプリンクラー設備は，**建築設備**である.
3. 飲食店の調理室は**居室**である.
4. 建築物の自重等を支える基礎ぐいは，**主要構造部**ではない.
5. **設計図書**には現寸図は含まれないが，仕様書は含まれる.
6. 建築物を移転することは**建築**である.
7. 既存の建築物の木造の屋外階段を鉄骨造に取り替えることは，**大規模の修繕**に該当しない.
8. 請負契約によらないで自ら建築物に関する工事をするものは**建築主**である.
9. 用途上不可分の関係にある 2 以上の建築物のある一団の土地は**敷地**である.
10. 床が地盤面下にある階で，床面から地盤面までの高さがその天井の高さの 1/3 のものは

　　地階である.

11. 建築物の自重等を支える基礎ぐいは,**構造耐力上主要な部分**である.

12. コンクリートは**耐水材料**である.

【問題 11.12（建築基準法および同施行令）】 建築基準法および同施行令に定められた面積または高さに関する記述[ア]～[エ]の正誤を答えなさい.

[ア] 建築物の地階で地盤面上1m以下にある部分の外壁の中心線で囲まれた部分の水平投影面積は,当該建築物の建築面積に算入しない.

[イ] 居室の天井の高さは,室の床面から測り,一室で天井の高さの異なる部分がある場合においては,一番低い部分の高さによる.

[ウ] 建築物の軒の高さは,原則として,地盤面から建築物の小屋組またはこれに代わる横架材を支持する壁,敷げたまたは柱の上端までの高さによる.

[エ] 防火壁の屋上突出部は,当該建築物の高さに算入する.

(国家公務員総合職試験[大卒程度試験])

【解答】[ア]=正（地盤面（平均 GL）から1m の高さで線を引き,そこから上に地階が出ている場合は,建築面積に算入します. 解図（問題 11-12）を参照のこと）,[イ]=誤（居室内の天井で高さが異なる部分がある場合には,その平均が居室の高さとなります）,[ウ]=正（一般に,**軒の高さ**は,地盤面から建築物の小屋組,またはそれに代わる横架材を支持する壁までの高さをいいます. それゆえ,この記述は正しい）,[エ]=誤（**防火壁**は,大規模木造建築物等の火災の延焼,拡大防止を目的として設けられる耐火構造の壁体のことで,防火壁の屋上突出部その他これらに類する屋上突出物は,当該建築物の高さに算入しません）

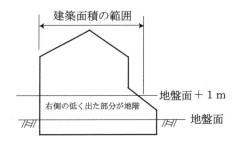

解図（問題 11-12）　建築面積の範囲

●居室の天井の高さ

　建築基準法では，「居室内の空気容量を確保するために，居室の天井の高さを 2.1m 以上にしなければならない」と規定しています．ただし，小・中・高等学校や大学などの教育施設で，床面積 50m² を超える教室の天井の高さは 3m 以上とされています．なお，居室内の天井で高さが異なる部分がある場合には，その平均を居室の高さとします．

【問題 11.13（建築法規）】建築法規に関する記述[ア]〜[エ]の正誤を答えなさい．

[ア] 建築基準法は，建築物の敷地，構造，設備および用途に関する最低の基準を定めている．

[イ] 建築物の規模にかかわらず，建築物の大規模の修繕をする場合には，建築主は，その計画が建築基準関係規定に適合するものであることについて，建築主事または指定確認検査機関の確認を受ける必要はない．

[ウ] 建築基準法による居室の採光に関する規定は，都市計画区域外においても適用される．

[エ] 住宅の品質確保の促進等に関する法律の規定では，新築住宅の工事の請負人には，雨水の浸入を防止する部分に限定して，引き渡しから 5 年間の瑕疵担保責任が義務付けられている．

（国家公務員一般職種試験）

【解答】[ア]＝正（記述の通り，建築基準法は，建築物の敷地，構造，設備および用途に関する最低の基準を定めています），[イ]＝誤（**大規模の修繕・模様替**は，建築確認が必要です），[ウ]＝正（記述の通り，建築基準法による居室の採光に関する規定は，都市計画区域外においても適用されます），　[エ]＝誤（住宅の品質確保の促進等に関する法律の規定では，住宅の主要構造部分や雨水の浸入防止部分の瑕疵については，**10 年間の瑕疵担保責任**を負うこととされています）

【問題 11.14（建築法規）】建築基準法に関する記述[ア]～[エ]の正誤を答えなさい.

[ア] 確認申請書の確認および確認済証の交付は，建築主事だけが行うことができる.

[イ] 建築物の自重および積載荷重を支える基礎および基礎ぐいは，「構造耐力上主要な部分」である.

[ウ] 建築基準法上，「建ぺい率」とは，建築物の建築面積の敷地面積に対する割合をいう.

[エ] 高さ 20m を超える建築物には，非常用の昇降機を設けなければならない.

(国家公務員一般職種試験)

【解答】[ア]＝誤（**建築確認の審査を取り扱う**のは，従来，地方自治体の建築主事だけでしたが，平成 11 年 5 月 1 日の改正建築基準法の施行により，指定確認検査機関に属する**建築基準適合判定資格者**が同等の権限を持ち審査を行うようになりました），[イ]＝正（記述の通り，建築物の自重および積載荷重を支える基礎および基礎ぐいは，「**構造耐力上主要な部分**」です），[ウ]＝正（**建ぺい率**とは，敷地面積に対する建築面積の割合のことをいいます．参考までに，**容積率**は，敷地面積に対する建物の延べ床面積の割合をいいます），[エ]＝誤（**高さ31mを越える建築物**には，原則として非常用昇降機を設ける必要があります）

●構造耐力上主要な部分

　構造耐力上主要な部分とは，基礎，基礎ぐい，壁，柱，小屋組，土台，斜材（筋かい，方づえ，火打材，その他これらに類するものをいいます），床版，屋根版または横架材（はり，けた，その他これらに類するものをいいます）で，建築物の自重もしくは積載荷重，積雪荷重，風圧，土圧もしくは水圧または地震その他の震動もしくは衝撃を支えるものをいいます.

【**問題 11.15（建築法規）**】わが国の建築法規に関する記述[ア]〜[エ]の正誤を答えなさい.

[ア] 建築物のエネルギー消費性能の向上に関する法律の規定により,住宅部分以外の建築物の部分（以下「非住宅部分」という）が一定規模以上である建築物を新築しようとするときは,当該建築物（非住宅部分に限る）を建築物エネルギー消費性能基準に適合させなければならない.

[イ] 建築物の耐震改修の促進に関する法律において「耐震改修」とは,地震に対する安全性の向上を目的として,増築,改築,修繕,模様替もしくは一部の除却または敷地の整備をすることをいう.

[ウ] 住宅の品質確保の促進等に関する法律の規定により,新築住宅の売買契約においては,売主は,買主に引き渡した時から 5 年間,住宅の構造耐力上主要な部分等の隠れた瑕疵（かし）について,担保の責任を負うこととされている.

[エ] 地方公共団体は,災害危険区域内における住居の用に供する建築物の建築を禁止することはできない.

（国家公務員一般職種試験）

【**解答**】[ア]＝正（記述の通りです）,[イ]＝正（記述の通りです）,[ウ]＝誤（5 年間ではなく,**10 年間の瑕疵担保責任**が義務づけられます）,[エ]＝誤（災害危険区域内においては,住居の用に供する建築物は建築してはなりません.ただし,災害防止上必要な措置を講ずることにより,安全上支障がないと認められる場合はこの限りではありません）

【**問題 11.16（都市計画）**】都市計画に関する記述[ア]〜[エ]の正誤を答えなさい.

[ア] 市街化調整区域とは,10 年以内に優先的かつ計画的に市街化を図るべき区域である.

[イ] 市街地における火災の危険を防除するため,都市計画区域に防火地域または準防火地域を定めることができる.

[ウ] 土地区画整理事業は,阪神・淡路大震災からの震災復興,都市化に伴うスプロール市街地の整備改善,地域振興の核となる拠点市街地の開発をはじめとして,多様な目的に応じて活用されてきた.

[エ] ル・コルビュジエは,その著書『明日の田園都市』で,都市と田園の長所を組合せた都市の実現を提唱した.

（国家公務員一般職種試験）

【解答】[ア]＝誤（都市計画法では，「**市街化調整区域は市街化を抑制すべき区域**」，「**市街化区域は，すでに市街地を形成している区域および概ね 10 年以内に優先的，計画的に市街化を図るべき区域**」とされています），[イ]＝正（記述の通り，市街地における火災の危険を防除するため，都市計画区域に**防火地域**または**準防火地域**を定めることができます），[ウ]＝正（記述の通り，**土地区画整理事業**は，阪神・淡路大震災からの震災復興，都市化に伴うスプロール市街地の整備改善，地域振興の核となる拠点市街地の開発をはじめとして，多様な目的に応じて活用されてきました．ちなみに，**スプロール現象**とは，一般には都市が"無秩序に拡大"していく現象を指します），[エ]＝誤（『**明日の田園都市**』を発表したのは E. ハワードです）

【**問題 11.17（都市計画）**】都市計画に関する記述[ア]〜[エ]の正誤を答えなさい．

[ア] 都道府県は，関係市町村の意見を聴き，かつ，都道府県都市計画審議会の議を経て，都市計画を決定する．
[イ] 工業地域は，主として工業の利便を増進するため定める地域であり，住宅を建築してはならない．
[ウ] 居住調整地域は，住宅地化を抑制するために，都市計画に定める区域である．
[エ] 開発許可を申請した者は，許可を受けた後，速やかに開発行為に関係がある公共施設の管理者と協議し，その同意を得なければならない．

（国家公務員一般職種試験）

【解答】[ア]＝正（記述の通り，都道府県は，関係市町村の意見を聴き，かつ，都道府県都市計画審議会の議を経て，都市計画を決定します），[イ]＝誤（**工業地域**は，どんな工場でも建てられる地域です．住宅・店舗も建てられますが，学校・病院・ホテル等は建てられません．参考までに，**工業専用地域**は，工場のための地域（工業の利便を増進するため定める地域）で，どんな工場でも建てられますが，住宅・店舗・学校・病院・ホテルなどは建てられません），[ウ]＝正（記述の通り，**居住調整地域**は，住宅地化を抑制するために，都市計画に定める区域です），[エ]＝誤（開発許可を申請しようとする者は，**あらかじめ**開発行為前に関係がある公共施設の管理者と協議し，その**同意を得なければなりません**．そして，同意を得たことを証する書面を申請書に添付します）

●居住調整地域

都市再生を図るため，住宅地化を抑制すべき区域として都市計画で定められる地域．地域地区の一つで，「都市再生特別措置法」に基づく制度です．

【問題 11.18（都市計画）】 都市計画に関する記述[ア]〜[エ]の正誤を答えなさい.

[ア] 全ての都市計画区域について, 都市計画に, 市街化区域と市街化調整区域との区分を定めなければならない.

[イ] 都道府県が都市計画を決定する際には, 都道府県都市計画審議会の議を経なくてはならない.

[ウ] 市街地再開発事業とは, 換地方式により土地の区画形質を整え, 道路, 公園等の公共施設の整備を行う事業である.

[エ] G. E. オースマンのパリ改造で, 環状や放射状の幹線道路が整備された.

(国家公務員一般職種試験)

【解答】[ア]＝誤（都市計画区域は, **市街化区域・市街化調整区域・非線引き区域**に分けられます）, [イ]＝正（記述の通り, 都道府県が都市計画を決定する際には, **都道府県都市計画審議会の議**を経なくてはなりません）, [ウ]＝誤（換地方式により土地の区画形質を整え, 道路, 公園等の公共施設の整備を行う事業は**土地区画整理事業**です）, [エ]＝正（記述の通り, **G. E. オースマンのパリ改造**で, 環状や放射状の幹線道路が整備されました）

【問題 11.19（都市計画）】 都市計画に関する記述[ア]〜[エ]の正誤を答えなさい.

[ア] 第一種中高層住居専用地域は, 中高層住宅に係る良好な住居の環境を保護するため定める地域である.

[イ] 特別用途地区は, 用途地域が定められていない土地の区域内おいて, その良好な環境の形成または保持のためその地域の特性に応じて合理的な土地利用が行われるよう, 制限すべき特定の建築物等の用途の概要を定める地区である.

[ウ] 高度地区は, 用途地域内において市街地の環境を維持し, または土地利用の増進を図るため, 建築物の高さの最高限度または最低限度を定める地区である.

[エ] 風致地区は, 都市の風致を維持するため定める地区である.

(国家公務員総合職試験[大卒程度試験])

【解答】[ア]＝正（記述の通り, **第一種中高層住居専用地域**とは, 中高層住宅に係る良好な住居の環境を保護するため定める地域のことです）, [イ]＝誤（用途地域内で, 特別の用途に対して用途制限の規制・緩和を行うように定めた地域を**特別用途地区**といい, たとえば,「**文教地区**」や「**歴史的環境保全地区**」などのように, 地方公共団体が種類を自由に定められる

ようになりました），［ウ］＝正（記述の通り，**高度地区**とは，用途地域内において市街地の環境を維持し，または土地利用の増進を図るため，建築物の高さの最高限度または最低限度を定める地区のことです），［エ］＝正（記述の通り，**風致地区**とは，都市の風致を維持するため定める地区のことです）

【問題 11.20（都市計画法）】 都市計画法に関する記述［ア］〜［エ］の正誤を答えなさい．

［ア］第一種低層住居専用地域は，低層住宅に係る良好な住居の環境を保護するため定める地域である．

［イ］第二種住居地域は，道路の沿道としての地域の特性にふさわしい業務の利便の増進を図りつつ，これと調和した住居の環境を保護するため定める地域である．

［ウ］商業地域は，近隣の住宅地の住民に対する日用品の供給を行うことを主たる内容とする商業その他の業務の利便を増進するため定める地域である．

［エ］特別用途地区は，用途地域内の一定の地区における当該地区の特性にふさわしい土地利用の増進，環境の保護等の特別の目的の実現を図るため，当該用途地域の指定を補完して定める地区である．

（国家公務員一般職種試験）

【解答】［ア］＝正（記述の通り，**第一種低層住居専用地域**は，低層住宅に係る良好な住居の環境を保護するため定める地域です），［イ］＝誤（**第二種住居地域**は，住宅と店舗やオフィスなどの共存を図りながら，住居の環境を保護する住宅地域のことです．住宅や商業施設，工場などが混在する市街地のうち，住宅の割合が多い地域が指定されています），［ウ］＝誤（**商業地域**は，主に商業等の業務の利便の増進を図る地域で，工場や危険物等に規制があるほかは，風俗施設含め，ほとんど全ての商業施設が規制なく建築が可能です），［エ］＝正（記述の通り，**特別用途地区**は，用途地域内の一定の地区における当該地区の特性にふさわしい土地利用の増進，環境の保護等の特別の目的の実現を図るため，当該用途地域の指定を補完して定める地区です）

【問題 11.21 （都市計画）】都市計画に関する記述[ア]～[エ]の正誤を答えなさい.

[ア] 第一種低層住居専用地域は，低層住宅に係る良好な住居の環境を保護するため定める地域である.

[イ] 近隣商業地域は，近隣の住宅地の住民に対する日用品の供給を行うことを主たる内容とする商業その他の業務の利便を増進するため定める地域である.

[ウ] 工業専用地域は，主として環境の悪化をもたらすおそれのない工業の利便を増進するため定める地域である.

[エ] 準都市計画区域は，すでに市街地を形成している区域およびおおむね 10 年以内に優先的かつ計画的に市街化を図るべき区域である.

（国家公務員一般職種試験）

【解答】[ア]＝正（記述の通り，**第一種低層住居専用地域**は，低層住宅に係る良好な住居の環境を保護するための地域です），[イ]＝正（**近隣商業地域**は，都市計画法による用途地域の1つで，**近隣の住宅地の住民に対する日用品の供給を行うことを主たる内容とする商業**その他の業務の利便を増進するために定める地域（近隣の住民が日用品の買物をする店舗等の，業務の利便の増進を図る地域）をいい，当該地域内においては，床面積の合計が 1 万 m² を超える劇場，店舗や飲食店を建築することができます），[ウ]＝誤（**工業専用地域**とは，工場のための地域（工業の利便を増進するため定める地域）で，どんな工場でも建てられますが，住宅・店舗・学校・病院・ホテルなどは建てられません．参考までに，**工業地域**は，どんな工場でも建てられる地域で，住宅・店舗も建てられますが，学校・病院・ホテル等は建てられません），[エ]＝誤（**準都市計画区域**は，積極的な整備または開発を行う必要はないものの，そのまま土地利用を整序し，または環境を保全するための措置を講ずることなく放置すれば，将来における一体の都市として総合的に整備，開発および保全に支障が生じるおそれがある区域について指定します）

【問題 11.22（都市計画）】都市計画に関する記述[ア]〜[エ]の正誤を答えなさい.

[ア] 都市計画区域は都道府県が指定し，準都市計画区域は市町村が指定する.
[イ] 都市計画区域について，都市計画に定めることができる施設として，道路，公園，学校，病院がある.
[ウ] 都市計画法では，「第一種住居地域は，低層住宅に係る良好な住居の環境を保護するため定める地域とする」とされている.
[エ] 工業専用地域は，工業の利便を増進するため定める地域であり，共同住宅を建築してはならない.

(国家公務員総合職試験[大卒程度試験])

【解答】[ア]＝誤（**都市計画区域は都道府県が指定する**ことになっています．また，準都市計画区域に関する改正〔H18.11.30 施行〕によって，**準都市計画区域**の指定権者が「**市町村**」から「**都道府県**」に変更になりました），[イ]＝正（記述の通り，都市計画区域について，都市計画に定めることができる施設として，道路，公園，学校，病院があります），[ウ]＝誤（**第一種住居地域**は，住居の環境を保護するための地域です．参考までに，**第一種低層住居専用地域**が低層住宅に係る良好な住居の環境を保護するための地域，**第二種低層住居専用地域**が主に低層住宅の良好な住環境を守るための地域です），[エ]＝正（**工業専用地域**は，工場のための地域（工業の利便を増進するため定める地域）で，どんな工場でも建てられますが，住宅・店舗・学校・病院・ホテルなどは建てられません）

【問題 11.23（都市計画）［やや難］】わが国において，第一種低層住居専用地域にあり，幅員 12m の都市計画道路に北面のみ接している図（問題 11-23）のような長方形の敷地がある．このとき，この敷地に建築可能な建築物に関する規制①〜④のうち，その規制内容が当該敷地に適用される都市計画に具体的に記載されているもののみをすべてあげているものを選択肢から答えなさい．ただし，特定行政庁の指定・許可等や用途地域以外の地域，地区等は考慮しないものとします．

①　建蔽率
②　容積率
③　用途
④　高さ

1.　①，②
2.　①，②，④
3.　②，③，④
4.　③
5.　③，④

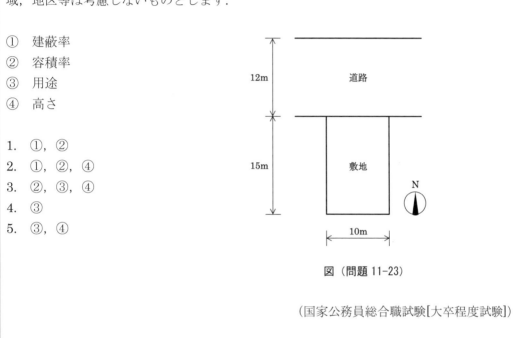

図（問題 11-23）

（国家公務員総合職試験［大卒程度試験］）

　【解答】**第一種低層住居専用地域**は，都市計画法（9 条）で「低層住宅に係る良好な住居の環境を保護するため定める地域」と定義されています．この用途地域では，**建蔽率**の限度は 30％から 60％の範囲内（10％きざみ）で，都市計画で指定されています．また，**容積率**の限度は 50％から 200％の範囲内（6 種類）で，同じく，都市計画で指定されています．さらに，良好な住環境を確保するため，建築物の高さが 10m（または 12m）以下に制限されていることがこの用途地域の大きな特徴で，これを「**絶対高さの制限**」といいます（制限が 10m と 12m のいずれになるかは，都市計画で定められています）．

　以上より，①，②，④は必ず含まれていますので，答えは 2 であることがわかります．

　ちなみに，第一種低層住居専用地域で建築できるものは以下の通りですが，当該敷地に適用される都市計画に具体的に記載されているものではありません．

（建築できるもの）

1.　住宅・共同住宅・寄宿舎・下宿・図書館
2.　幼稚園・小学校・中学校・高校・公衆浴場・老人ホーム

　なお，本問題では，敷地の前面道路の幅員が 12m となっていますが，これについては，容積率に関して以下のような規定があります．

建築物の容積率（延べ面積の敷地面積に対する割合）は，

(1) 都市計画で定められる容積率の最高限度（指定容積率）以下でなければならない．

　また，敷地の前面道路の幅員が 12m 未満の場合は，(1)の指定容積率と，

(2) 前面道路の幅員によって定まる容積率の最高限度（道路幅員制限）のうち，いずれか小さい方の値によって制限される．

【問題 11.24（都市計画）】わが国の都市計画に関する記述[ア]～[エ]の正誤を答えなさい．

[ア] 空き地・空き家等の低未利用地が時間的・空間的にランダムに発生する「都市のスポンジ化」に対応するため，改正都市再生特別措置法が平成 30 年 7 月に施行された．

[イ] 市町村は，都市計画区域および準都市計画区域について，おおむね 10 年ごとに，都市計画に関する基礎調査として，人口規模，産業分類別就業人口の規模，市街地の面積，土地利用，交通量などに関する現況および将来の見通しについての調査を行うものとされている．

[ウ] フランク・ロイド・ライトは，都市計画理論「ユルバニズム」を発表し，超高層建築群と高架自動車道からなる都市構造で垂直の都市を描き，近代建築の手法を用いて都市問題に対処しようとした．

[エ] パーソントリップ調査とは，人の 1 日の行動を起終点，交通目的，利用交通手段等について追跡調査するものである．

（国家公務員一般職種試験）

【解答】[ア]＝正（記述の通りです），[イ]＝誤（「都市計画区域について，おおむね 5 年ごと」が正しい記述です），[ウ]＝誤（都市計画理論「ユルバニズム」を発表したのは**ル・コルビュジエ**です），[エ]＝正（記述の通り，**パーソントリップ調査**とは，人の 1 日の行動を起終点，交通目的，利用交通手段等について追跡調査するものです）

●**改正都市再生特別措置法**（平成 30 年 7 月に施行）

　改正都市再生特措法は，人口減少により都市の内部で空き地・空き家の低未利用地が時間的・空間的にランダムで発生する「都市のスポンジ化」が進行している状況を踏まえ，生活利便性の低下，治安・景観の悪化，地域の魅力が失われるといった支障の拡大を防ぐことを目的とした法律改正です．

●**都市計画に関する基礎調査**

　都道府県は，都市計画区域について，おおむね 5 年ごとに，都市計画に関する基礎調査と

して，国土交通省令で定めるところにより，人口規模，産業分類別の就業人口の規模，市街地の面積，土地利用，交通量，その他の国土交通省令で定める事項に関する現況および将来の見通しについての調査を行うことになっています．

【問題 11.25（都市計画）】 都市計画に関する記述[ア]～[エ]の正誤を答えなさい．

[ア] 都市計画には，道路，公園，下水道，ごみ焼却場を定めることができる．

[イ] 地区計画に関する都市計画は，都道府県が定めるものとされている．

[ウ] 第一種住居地域は，住居の環境を保護するため定める地域とされており，原則として，映画館を建築してはならない．

[エ] E. ハワードの近隣住区論は，小学校 1 校に対応する人口を住区の単位とし，店舗を住区の中心に配置することを提案している．

（国家公務員一般職種試験）

【解答】[ア]＝正（記述の通り，都市計画には，道路，公園，下水道，ごみ焼却場を定めることができます），[イ]＝誤（広域的な見地からの都市計画は都道府県が，地元的見地からの都市計画は市町村が定めます．市町村が定める場合は，「用途地域」，「都道府県が定める場合以外の風致地区」，「地区計画」等です．なお，市町村が定める都市計画は，都道府県が定める都市計画に適合しなければなりません．それゆえ，市町村が定めた都市計画が，都道府県が定めた都市計画と抵触するときは，その限りにおいて（抵触する部分において），都道府県が定めた都市計画を優先します），[ウ]＝正（記述の通り，**第一種住居地域**は，住居の環境を保護するため定める地域とされており，原則として，映画館を建築してはなりません），[エ]＝誤（**近隣住区論**はアメリカの**ペリー**が唱えたものです．**E. ハワード**は『**明日の田園都市**』を発表しました）

【問題 11.26（都市計画）[やや難]】市民参加のまちづくりに関する手法・方法論・思想に関する説明[ア]〜[エ]と,それらに関連する人名 A〜D の組合せとして最も妥当なものを解答群から選びなさい.

○手法・方法論・思想に関する説明

[ア] 様々なまちづくり活動や都市計画の実施過程で行われている市民・住民の参加について,「市民参加」の範囲と度合いを 8 つの階層に分類し模式的な「はしご段」に見立てて,行政権力に対する市民力の形成と行使が重要であることを論じた.

[イ] まちづくりにおけるワークショップ「地域に係わる多様な立場の人々が参加し,地域の諸問題の解決とより良い地域にしていくための計画づくりで行う創造的な協働作業」を,1960 年代,都市計画の分野に先駆的に取り入れた.

[ウ] 身近な環境の改善や,新しい環境の企画・設計に際し,多くの知恵や意見を集めて検討する場合に用いる手法として,進め方や段階ごとの作業についての指示・ルールと作業に必要なカードなどの道具を用意して行う「デザイン・ゲーム」を発案した.

[エ] 質の高い住宅や街を設計するための 253 のパターンからなる「パターン・ランゲージ」を提示した.これは,わが国においては,神奈川県真鶴町の「美の基準」や埼玉県川越市一番街の「町づくり規範」に影響を与えた空間生成に関する方法論である.

○関連する人名

A ヘンリー・サノフ

B ローレンス・ハルプリン

C クリストファー・アレグザンダー

D シェリー・アーンスタイン

	[ア]	[イ]	[ウ]	[エ]
1.	D	B	A	C
2.	D	C	B	A
3.	C	A	B	D
4.	A	D	C	B
5.	B	A	D	C

（国家公務員総合職試験[大卒程度試験]）

【解答】以下のことを知っていれば,正解は 1 であることがわかると思います.

●シェリー・アーンスタイン

シェリー・アーンスタインは,様々なまちづくり活動や都市計画の実施過程で行われている市民・住民の参加について,「市民参加」の範囲と度合いを 8 つの階層に分類し模式的な

「はしご段」に見立てて，行政権力に対する市民力の形成と行使が重要であることを論じました．

●ローレンス・ハルプリン

まちづくりにおけるワークショップ「地域に係わる多様な立場の人々が参加し，地域の諸問題の解決とより良い地域にしていくための計画づくりで行う創造的な協働作業」を，1960年代，都市計画の分野に先駆的に取り入れました．

●ヘンリー・サノフ

身近な環境の改善や，新しい環境の企画・設計に際し，多くの知恵や意見を集めて検討する場合に用いる手法として，進め方や段階ごとの作業についての指示・ルールと作業に必要なカードなどの道具を用意して行う「デザイン・ゲーム」を発案しました．

●クリストファー・アレグザンダー

質の高い住宅や街を設計するための 253 のパターンからなる「パターン・ランゲージ」を提示しました．これは，わが国においては，神奈川県真鶴町の「美の基準」や埼玉県川越市一番街の「町づくり規範」に影響を与えた空間生成に関する方法論です．

【問題 11.27（都市計画）】都市行政に関する記述[ア]～[エ]の正誤を答えなさい．

[ア] 地区計画は，用途地域内の一定の地区において，その地区の特性にふさわしい土地利用の増進，環境の保護等の特別の目的の実現を図るため，用途地域の指定を補完して定める計画である．

[イ] 都道府県が都市計画区域の整備，開発および保全の方針を定め，その方針に基づき，市町村が都市計画区域を指定する．

[ウ] 都市計画法において，開発行為とは，主として建築物の建築または特定工作物の建設の用に供する目的で行う土地の区画形質の変更をいう．

[エ] 商業地域は，商業その他の業務の利便を増進するため定める地域であり，住宅を建てることはできない．

（国家公務員総合職試験[大卒程度試験]）

【解答】[ア]＝誤（**地区計画**とは，都市計画法に定められている，住民の合意に基づいて，それぞれの地区の特性にふさわしいまちづくりを誘導するための計画であって，**まちづくりの全体構想を定めるもの**です．地区計画の方針にしたがって，地区計画区域の全部または一部に，道路・公園・広場などの配置や建築物等に関する制限などのうち，必要なものを詳し

く定めることになります），［イ］＝誤（**都市計画区域は都道府県が指定**します．ただし，複数の都道府県にまたがる場合は国土交通大臣が指定します），［ウ］＝正（記述の通り，都市計画法において，**開発行為**とは，主として建築物の建築または特定工作物の建設の用に供する目的で行う土地の区画形質の変更をいいます），［エ］＝誤（商業地域では，工場関係以外，ほぼ何でも建設が可能です．**住宅が建設できない唯一の用途地域は工業専用地域**です）

【問題 11.28（都市計画）】 都市計画に関する記述［ア］〜［エ］の正誤を答えなさい．

［ア］第一種中高層住居専用地域は，道路の沿道としての地域の特性にふさわしい業務の利便の増進を図りつつ，これと調和した住居の環境を保護するため定める地域である．

［イ］高度地区は，用途地域内の市街地における土地の合理的かつ健全な高度利用と都市機能の更新とを図るため，建築物の容積率の最高限度および最低限度，建築物の建ぺい率の最高限度，建築物の建築面積の最低限度ならびに壁面の位置の制限を定める地区である．

［ウ］地区計画は，建築物の建築形態，公共施設その他の施設の配置等からみて，一体としてそれぞれの区域の特性にふさわしい態様を備えた良好な環境の各街区を整備し，開発し，および保全するための計画である．

［エ］都道府県または市町村は，都市計画を決定しようとするときは，その旨を公告し，当該都市計画の案を公告の日から 2 週間，公衆の縦覧に供しなければならない．

(国家公務員総合職試験[大卒程度試験])

【解答】［ア］＝誤（**第一種中高層住居専用地域**は中高層住宅の良好な環境を保護するための地域で，学校・病院は建築できるが大規模な店舗は建築できません），［イ］＝誤（**高度地区**とは，用途地域を補うために設けられた補助的地域地区の 1 つであり，用途地域内において市街地の環境を維持し，または土地利用の増進を図るため，都市計画法によって**建築物の高さの最高限度または最低限度が定められている地区**のことです．**高度地区で制限されるのは建築物の「高さ」のみ**であり，その他の制限は別の地域地区の指定によります），［ウ］＝正（記述の通り，**地区計画**は，建築物の建築形態，公共施設その他の施設の配置等からみて，一体としてそれぞれの区域の特性にふさわしい態様を備えた良好な環境の各街区を整備し，開発し，および保全するための計画です），［エ］＝正（記述の通り，都道府県または市町村は，都市計画を決定しようとするときは，その旨を公告し，**当該都市計画の案を公告の日から 2 週間，公衆の縦覧に供しなければなりません**）

【**問題 11.29（都市計画）**】わが国の都市計画に関する記述[ア]〜[エ]の正誤を答えなさい.

[ア] 都市計画法は，都市の健全な発展と秩序ある整備を図り，もって国土の均衡ある発展と公共の福祉の増進に寄与することを目的としている.

[イ] 2 以上の都府県の区域にわたる都市計画区域は，関係する全ての都府県による協議の上で，当該都府県の知事が連名で定めるものとする.

[ウ] 都市再開発法において，「市街地再開発事業」とは，都市計画区域内の土地について，公共施設の整備改善および宅地の利用の増進を図るため，換地計画を策定し行われる土地の区画形質の変更および公共施設の新設等に関する事業と定義される.

[エ] 準住居地域は，道路の沿道としての地域の特性にふさわしい業務の利便の増進を図りつつ，これと調和した住居の環境を保護するため定める地域である.

（国家公務員一般職種試験）

【**解答**】[ア]＝正（記述の通り，**都市計画法**は，都市の健全な発展と秩序ある整備を図り，もって国土の均衡ある発展と公共の福祉の増進に寄与することを目的としています），[イ]＝誤（2 以上の都府県の区域にわたる都市計画区域は，国土交通大臣が，あらかじめ，関係都府県の意見を聴いて指定します），[ウ]＝誤（**市街地再開発事業**の目的は，都市再開発法にもとづき，市街地内の老朽木造建築物が密集している地区等において，細分化された敷地の統合，不燃化された共同建築物の建築，公園，広場，街路等の公共施設の整備等を行うことにより，**都市における土地の合理的かつ健全な高度利用と都市機能の更新を図る**ことです），[エ]＝正（**準住居地域**は，都市計画法で「道路の沿道としての地域の特性にふさわしい業務の利便の増進を図りつつ，これと調和した住居の環境を保護するため定める地域」と定義されています）

【問題11.30（都市計画）[やや難]】都市計画に関する記述[ア]〜[エ]の正誤を答えなさい.

[ア] 特別用途地区は, 特別の目的から特定の用途の利便の増進または環境の保護等を図るために都市計画に定められ, 地方公共団体の条例で, 用途地域による建築物の用途に係る規制を強化することができるが, 緩和することはできない.

[イ] 風致地区は, 都市における風致を維持するために都市計画に定められ, 地方公共団体の条例で, 建築物の建築等に対する規制を行うことにより, 風致の維持が図られるものである.

[ウ] 第一種低層住居専用地域は, 低層住宅に係る良好な住居の環境を保護するために定める地域をいい, 当該地域においては, 特定行政庁の許可を受けずに病院を建築することができる.

[エ] 伝統的建造物群保存地区では, 市町村は, 伝統的建造物群を保存するために必要であれば, 国土交通大臣の承認を得た上で, 建築基準法の制限を条例により緩和することができる.

(国家公務員総合職試験[大卒程度試験])

【解答】[ア]＝誤（用途地域内で, 特別の用途に対して用途制限の規制・緩和を行うように定めた地域を**特別用途地区**といいます）, [イ]＝正（記述の通り, **風致地区**は, 都市における風致を維持するために都市計画に定められ, 地方公共団体の条例で, 建築物の建築等に対する規制を行うことにより, 風致の維持が図られるものです）, [ウ]＝誤（病院や診療所, 特別養護老人ホームなどを新築する場合には, 都道府県など自治体による開発許可が必要です）, [エ]＝正（記述の通り, **伝統的建造物群保存地区**では, 市町村は, 伝統的建造物群を保存するために必要であれば, 国土交通大臣の承認を得た上で, 建築基準法の制限を条例により緩和することができます）

【問題 11.31（復興都市計画）[やや難]】わが国の大規模都市災害に対する復興都市計画や防災まちづくりの取組に関する記述[ア]〜[エ]の正誤を答えなさい.

[ア] 関東大震災後の復興都市計画事業では，後藤新平による当初の提案から事業規模は縮小されたものの，焼失区域の広範囲にわたって土地区画整理事業が実施された.

[イ] 第二次世界大戦後の復興都市計画事業では，名古屋や広島などの都市で広幅員道路が実現したほか，東京でも土地区画整理事業，幹線道路事業など，多くの事業が規模を縮小されることなくほぼ当初計画どおりに実施された.

[ウ] 阪神・淡路大震災の復興都市計画事業では，行政による都市計画事業が短期間の間に迅速に実施された一方で，事業過程における住民参加の機会はつくられず，住民の意向は計画に反映されなかった.

[エ] 東日本大震災の復興事業では，数十年から百数十年に一度程度の頻度で発生している津波を想定した防潮堤の建設や，土地区画整理事業による都市基盤の整備，防災集団移転促進事業による居住地の高台移転などが各地で進められている.

(国家公務員総合職試験[大卒程度試験])

【解答】[ア]＝正（1923 年の関東大震災後，**後藤新平は今後大きな被害を出さない都市をつくると宣言し，8 億円の経費を必要とする「帝都復興計画」を構想しました. 後藤の復興計画は当初の計画に比べると大幅に縮小されましたが，後藤新平は「都市計画の父」**と呼ばれています），[イ]＝誤（名古屋や広島などの都市では，市長や都市計画関係者の努力により，当初の計画に近い形で復興を成し遂げることができました. しかしながら，**東京の戦災復興計画は，極度の圧縮を余儀なくされました**），[ウ]＝誤（**兵庫県南部地震は多くの大規模構造物を破壊し，都市を一瞬のうちに機能不全に陥らせました. これに対して，「緊急インフラ整備 3 カ年計画」を策定し，生活基盤・生産基盤を支えるインフラの早急な復興を行いました. また，10 年後の姿を描く「都市復興基本計画」を策定し，被災市街地の復興の目標を示し，住民が主体となって災害に強いまちづくりを進めました**），[エ]＝正（記述の通り，**東日本大震災の復興事業**では，数十年から百数十年に一度程度の頻度で発生している津波を想定した防潮堤の建設や，土地区画整理事業による都市基盤の整備，防災集団移転促進事業による居住地の高台移転などが各地で進められています）

【問題 11.32（住宅行政）】 住宅行政に関する記述[ア]～[エ]の正誤を答えなさい.

[ア] サービス付き高齢者向け住宅は，高齢者の居住の安定を確保することを目的として，バリアフリー構造を有し，介護・医療と連携し高齢者を支援するサービスを提供する住宅である.

[イ] 新築住宅の売主は，一時使用のため建設された場合を除き，住宅の品質確保の促進等に関する法律に基づき，その住宅の構造耐力上主要な部分等の瑕疵について最長 5 年間の瑕疵担保責任を負う.

[ウ] 住宅の構造や設備について，一定以上の耐久性，維持管理容易性等の性能を備えた「長期優良住宅」の普及を促進するために，税制の特例措置が設けられている.

[エ] 平成 25 年住宅・土地統計調査によると，住宅のうち空き家の数は過去 20 年間横ばいであるものの，適切な管理が行われていない結果，安全性の低下，公衆衛生の悪化等を生じさせている空き家の存在が問題となっている.

（国家公務員総合職試験[大卒程度試験]）

【解答】 [ア]＝正（記述の通り，**サービス付き高齢者向け住宅**は，高齢者の居住の安定を確保することを目的として，バリアフリー構造を有し，介護・医療と連携し高齢者を支援するサービスを提供する住宅です），[イ]＝誤（住宅の品質確保の促進等に関する法律では，施工会社や不動産会社に対して **10 年保証**を義務づけています），[ウ]＝正（記述の通り，住宅の構造や設備について，一定以上の耐久性，維持管理容易性等の性能を備えた「**長期優良住宅**」の普及を促進するために，税制の特例措置が設けられています），[エ]＝誤（**空き家**については，少子高齢化の進展や人口移動の変化などによって増加の一途をたどっており，管理が行き届いていない空き家が防災・衛生・景観等の生活環境に影響を及ぼすという社会問題が起きています．実際，平成 25 年住宅・土地統計調査によると，空き家数は 820 万戸と過去最高となり，全国の住宅の 13.5％を占めていることがわかりました）

【問題 11.33（住宅行政）[やや難]】住宅行政に関する記述[ア]〜[エ]の正誤を答えなさい.

[ア]「平成 20 年住宅・土地統計調査」によると，全国の一戸建と共同住宅の戸数の比は，おおむね 3：7 である.

[イ]「平成 20 年住宅・土地統計調査」によると，全国の持ち家の戸数は，借家の戸数より多い.

[ウ]「住生活基本法」において，都道府県は，年生活基本計画（全国計画）に即して，住生活基本計画（都道府県計画）を定めるものとされている.

[エ]「長期優良住宅の普及の促進に関する法律」において，「長期優良住宅」とは，住宅であって，その構造および設備が長期使用構造等であるものをいう.

（国家公務員総合職試験[大卒程度試験]）

【解答】[ア]＝誤（3 大都市圏における共同住宅は一戸建を上回っていますが，全国では"一戸建の戸数＞共同住宅の戸数"です），[イ]＝正（記述の通りで，**持ち家世帯率は 5 割を超えています**），[ウ]＝正（記述の通り，都道府県は，年生活基本計画（全国計画）に即して，**住生活基本計画**（都道府県計画）を定めるものとされています），[エ]＝正（記述の通り，「**長期優良住宅**」とは，住宅であって，その構造および設備が長期使用構造等であるものをいいます）

【問題 11.34（住宅行政）[やや難]】住宅行政に関する記述[ア]〜[エ]の正誤を答えなさい.

[ア]公営住宅は，地方公共団体が賃貸住宅の供給を行うことを目的として建設等を行うものであり，その入居者に対して特段の条件は付されていない.

[イ]平成 20 年住宅・土地統計調査によると，住宅総数は世帯総数に比べ，1 割以上多い.

[ウ]住宅性能表示制度は，住宅の性能を契約前に比較できるように表示基準を設け，消費者保護と住宅の品質の確保を図ることを目的とした制度であり，全ての分譲住宅はこの性能表示を行うことが義務づけられている.

[エ]「高齢者の居住の安定確保に関する法律」によると，国土交通大臣および厚生労働大臣は，高齢者の居住の安定の確保に関する基本的な方針を定めなければならない.

（国家公務員総合職試験[大卒程度試験]）

【解答】[ア]＝誤（**公営住宅**は，住宅に困窮する低額所得者の居住の安定を確保するためのセーフティネットとして政策的に位置づけられているため，入居資格に収入基準が設けられています），[イ]＝正（少子高齢化が進み，人口減少社会が現実のものとなりつつある中，総

住宅戸数が総世帯数を上回り，**空き家の増加**が続いています），[ウ]＝誤（住宅性能評価書を取得することによって住宅融資の優遇などを得られることもありますが，**全ての分譲住宅にこの性能表示を行うことが義務づけられているわけではありません**），[エ]＝正（記述の通り，国土交通大臣および厚生労働大臣は，**高齢者の居住の安定の確保に関する基本的な方針を定め**なければなりません）

【問題 11.35（住宅行政）[やや難]】住宅行政に関する記述[ア]～[エ]の正誤を答えなさい．

[ア] 平成 7 年の阪神・淡路大震災において，建築物の倒壊による大きな被害が見られたことから，「建築物の耐震改修の促進に関する法律」が制定され，全ての建築物について耐震診断を行うことが義務付けられた．

[イ] 戦後のわが国の住宅政策は，住宅建設計画法の下で住宅の量の確保を図ってきたが，住宅戸数が世帯数を上回り量的に充足したなかで，住生活全般の質の向上を図る観点から住生活基本法が制定された．

[ウ] 誘導居住面積水準とは，世帯人数に応じて，豊かな住生活の実現の前提として多様なライフスタイルに対応するために必要と考えられる住宅の面積に関する水準であり，一般型誘導居住面積水準と都市居住型誘導居住面積水準からなる．

[エ] 平成 20 年住宅・土地統計調査によると，全国の持ち家の戸数は，借家の戸数より多い．

（国家公務員総合職試験[大卒程度試験]）

【解答】[ア]＝誤（「建築物の耐震改修の促進に関する法律」が平成 25 年に改正され，**一部の建築物について耐震診断を行い，その結果を所管行政庁へ報告することが義務とされた**ほか，現行の建築基準法の耐震関係規定に適合しない全ての建築物について耐震診断を行い，必要に応じて耐震改修を行うよう努めることとされました），[イ]＝正（記述の通り，住宅戸数が世帯数を上回り量的に充足したなかで，住生活全般の質の向上を図る観点から**住生活基本法**が制定されました），[ウ]＝正（記述の通り，**誘導居住面積水準**とは，世帯人数に応じて，豊かな住生活の実現の前提として多様なライフスタイルに対応するために必要と考えられる住宅の面積に関する水準であり，一般型誘導居住面積水準と都市居住型誘導居住面積水準からなっています），[エ]＝正（平成 20 年住宅・土地統計調査によると，持ち家住宅率は 61.2%，借家率は 35.8%，不詳が 3% でした）

【問題 11.36（住宅行政）[やや難]】 わが国における住宅行政に関する記述[ア]〜[エ]の正誤を答えなさい.

[ア] 平成 30 年住宅・土地統計調査によれば，住宅の空き家率は平成 25 年と比べ 0.1 ポイント上昇し 13.6％と過去最高になったが，空き家数は 846 万戸と平成 25 年と比べ 3 万戸減少した.

[イ] 国土交通省の推計によれば，わが国の分譲マンションストック総数は平成 30 年末時点で約 655 万戸となっており，これに平成 27 年国勢調査による 1 世帯当たり平均人員 2.33 を乗ずると，国民の約 1 割に当たる約 1,525 万人が分譲マンションに居住していることになる.

[ウ] 「住宅確保要配慮者に対する賃貸住宅の供給の促進に関する法律」に基づき，規模や構造等について一定の基準を満たし，住宅確保要配慮者の入居を拒まないものとして都道府県知事等に登録された賃貸住宅は，施行後約 2 年となる令和元年 10 月 1 日時点で，全国で約 10 万戸を超えている.

[エ] 「高齢者の居住の安定確保に関する法律」に基づき，バリアフリー構造を有し，介護・医療と連携し高齢者を支援するサービスを提供するものとして都道府県知事等に登録されたサービス付き高齢者向け住宅は，令和元年 10 月 1 日時点で，全国で約 20 万戸を超えている.

(国家公務員総合職試験[大卒程度試験])

【解答】 [ア]＝誤（総住宅数に占める空き家の割合（空き家率）は 13.6％と，平成 25 年から 0.1 ポイント上昇し，過去最高となっています. 一方，「居住世帯のない住宅」のうち，空き家は 846 万戸と，平成 25 年と比べ，26 万戸（3.2％）の増加となっています），[イ]＝正（記述の通り，わが国の分譲マンションストック総数は平成 30 年末時点で約 655 万戸となっており，これに平成 27 年国勢調査による 1 世帯当たり平均人員 2.33 を乗ずると，国民の約 1 割に当たる約 1,525 万人が分譲マンションに居住していることになります），[ウ]＝誤（施行後約 2 年となる令和元年 10 月 1 日時点では，受付・審査中も含めて約 2 万戸でした. ちなみに，令和 3 年 1 月時点では登録戸数が約 20 戸，受付・審査中戸数が約 23 戸で，合わせると約 43 戸となっています），[エ]＝正（記述の通り，都道府県知事等に登録されたサービス付き高齢者向け住宅は，令和元年 10 月 1 日時点で，全国で約 20 万戸を超えています）

【問題 11.37（住宅行政）】 住宅行政に関する記述[ア]〜[エ]の正誤を答えなさい.

[ア] 平成 20 年住宅・土地統計調査によると，総住宅数は総世帯数に比べ 1 割以上多い.

[イ] 都道府県は，住生活基本計画（全国計画）に即して定める都道府県計画において，計画期間における区域内の公営住宅の供給の目標量を定める必要はない.

[ウ] 公営住宅は，地方公共団体が整備し，低額所得者に賃貸するための住宅であり，現に住宅に困窮しているか否かによらず，低額所得者は希望すれば入居することができる.

[エ] 住宅性能表示制度は，住宅の品質確保の促進等に関する法律に基づき，住宅の耐震性，省エネ対策，シックハウス対策等，住宅の基本的な性能を客観的に評価し，表示するものである.

(国家公務員総合職試験[大卒程度試験])

【解答】[ア]＝正（平成 20 年 10 月 1 日現在における全国の総住宅数は 5759 万戸，総世帯数は 4999 万世帯となっており，総住宅数は総世帯数に比べて約 15％多くなっています），[イ]＝誤（都道府県は，住生活基本計画（全国計画）に即して定める都道府県計画において，計画期間における区域内の公営住宅の供給の目標量を定めなければなりません），[ウ]＝誤（低額所得者は希望すればすべて入居できるわけではありません．募集期間を設けて最低限の書類審査のみを行い，申し込みが重なった場合は抽選とするなど，第三者の思惑が入らないようにしている自治体も多くみられます），[エ]＝正（記述の通り，**住宅性能表示制度**は，住宅の品質確保の促進等に関する法律に基づき，住宅の耐震性，省エネ対策，シックハウス対策等，住宅の基本的な性能を客観的に評価し，表示するものです）

【問題 11.38（都市行政）】 都市行政に関する記述[ア]〜[エ]の正誤の組合せとして最も妥当なものを解答群から選びなさい.

[ア]　「都市再生特別措置法」に規定される都市再生緊急整備地域は，都市の再生の拠点として，都市開発事業等を通じて緊急かつ重点的に市街地の整備を推進すべき地域として定める地域である.

[イ]　「景観法」に規定される景観地区は，市街地の良好な景観の形成を図るため，都市計画区域または準都市計画区域内の土地の区域について定めることができる.

[ウ]　「都市再開発法」に規定される市街地再開発事業は，都市計画区域内の土地について，公共施設の整備改善および宅地の利用の増進を図るために行われる，土地の区画形質の変更および公共施設の新設等に関する事業である.

[エ]　「都市緑地法」に規定される緑化地域は，都市計画区域内の用途地域が定められた土地の区域のうち，良好な都市環境の形成に必要な緑地が不足し，建築物の敷地内において緑化を推進する必要がある区域について定めることができる.

	[ア]	[イ]	[ウ]	[エ]
1.	正	正	正	正
2.	正	正	正	誤
3.	正	正	誤	正
4.	正	誤	正	正
5.	誤	正	正	正

（国家公務員総合職試験[大卒程度試験]）

【解答】 都市行政の細部を問う問題ですが，解答群を見れば 1 はすべて "正" で，その他はそれぞれに一つしか "誤" はありませんので，[ア]〜[エ]の記述で間違いであるものを見つけ出せば答えは得られます. ところで，**市街地再開発事業の目的**は，都市再開発法に基づき，市街地内の老朽木造建築物が密集している地区等において，細分化された敷地の統合，不燃化された共同建築物の建築，公園，広場，街路等の公共施設の整備等を行うことにより，**都市における土地の合理的かつ健全な高度利用と都市機能の更新を図る**ことです. このことを知っていれば，[ウ]の記述は "誤" となり，正解は 3 となります.

【問題 11.39（都市行政）】都市行政に関する記述[ア]〜[エ]の正誤を答えなさい.

[ア] 土地区画整理事業は,「換地」と「減歩」の操作により,公共施設の整備・改善と宅地の利用の増進を図る事業である.

[イ] 市街地再開発事業は,市街地の土地の合理的かつ健全な高度利用と都市機能の更新とを図るために行われる建築物および建築敷地の整備ならびに公共施設の整備に関する事業等をいう.

[ウ] 景観法に規定される景観計画は,良好な景観の形成に関する計画であり,国が定めるものである.

[エ] 都市再生特別措置法に規定される都市再生緊急整備地域は,わが国の都市の国際競争力の強化を図る観点から,東京圏など三大都市圏に限って定められている.

(国家公務員総合職試験[大卒程度試験])

【解答】[ア]＝正（記述の通り,**土地区画整理事業**は,「換地」と「減歩」の操作により,公共施設の整備・改善と宅地の利用の増進を図る事業です）,[イ]＝正（記述の通り,**市街地再開発事業**は,市街地の土地の合理的かつ健全な高度利用と都市機能の更新とを図るために行われる建築物および建築敷地の整備ならびに公共施設の整備に関する事業等をいいます）,[ウ]＝誤（**景観計画**は,**景観行政団体**が策定しますが,住民が提案をすることもできます.なお,景観行政団体とは,景観法により定義される景観行政を司る行政機構のことで,政令指定都市または中核市にあってはそれぞれの地域を管轄する地方自治体が,その他の地域においては基本的に都道府県がその役割を負います.ただし,景観法に基づいた規定の事務処理を行うことを都道府県知事と協議し,同意を得た市町村の区域にあたっては,それらの市町村が景観行政団体となります）,[エ]＝誤（国際競争力の強化を図る観点から定められているのは**特定都市再生緊急整備地域**ですが,これは東京圏など三大都市圏に限って定められているものではありません）

●都市再生緊急整備地域

都市の再生の拠点として,都市開発事業等を通じて,緊急かつ重点的に市街地の整備を推進すべき地域.

●特定都市再生緊急整備地域

都市再生緊急整備地域のうち,都市開発事業等の円滑かつ迅速な施行を通じて緊急かつ重点的に市街地の整備を推進することが都市の国際競争力の強化を図る上で特に有効な地域.特定都市再生緊急整備地域は,国内外の主要都市との交通の利便性および都市機能の集積の程度が高く,ならびに経済活動が活発に行われ,または行われると見込まれる地域が指定されるように定められており,東京圏など三大都市圏に限って定められてはいません.

【問題 11.40（都市行政）】都市行政に関する記述[ア]〜[エ]の正誤を答えなさい.

[ア] 都市緑地法に規定される緑地保全地域は,都市計画法に基づく地域地区として都市計画に定めることができる.

[イ]「中心市街地の活性化に関する法律」に基づく中心市街地の活性化に関する基本計画は,都道府県が,都市間のバランスを考慮した上で作成することとされている.

[ウ] 民間の資金やノウハウをいかした都市開発を誘導する観点から,都市再生緊急整備地域のうち,必要があると認められる区域については,都市計画に都市再生特別地区を定めることができる.

[エ] 都道府県は,条例で定めるところにより,風致地区について,広告物の表示を禁止することができる.

（国家公務員総合職試験[大卒程度試験]）

【解答】[ア]＝正（**緑地保全地域**とは,都市緑地法第 5 条に基づき,都市計画で定めた地域を指します）,[イ]＝誤（「中心市街地の活性化に関する法律」に基づく**中心市街地の活性化に関する基本計画は,市町村が作成し,内閣総理大臣の認定を申請する**ことができます）,[ウ]＝正（記述の通り,民間の資金やノウハウをいかした都市開発を誘導する観点から,都市再生緊急整備地域のうち,必要があると認められる区域については,都市計画に**都市再生特別地区**を定めることができます）,[エ]＝正（記述の通り,**都道府県は,**条例で定めるところにより,**風致地区について広告物の表示を禁止する**ことができます）

【問題 11.41（都市行政）】都市行政に関する記述[ア]～[エ]の正誤を答えなさい.

[ア] 土地区画整理事業は，都市計画区域内の土地について，公共施設の整備改善および宅地の利用の増進を図るために行われる，土地の区画形質の変更および公共施設の新設等に関する事業である.

[イ] 市街地再開発事業は，市街地の土地の合理的かつ健全な高度利用と都市機能の更新とを図るために行われる，建築物および建築敷地の整備並びに公共施設の整備に関する事業等をいう.

[ウ] 景観法に規定される景観計画は，景観行政団体が，都市計画区域内の土地の区域について定める，良好な景観の形成に関する計画であり，農山漁村について定めることはできない.

[エ] 中心市街地の活性化に関する法律に規定される中心市街地活性化基本計画は，都道府県が中心市街地について作成する，中心市街地の活性化に関する施策を総合的かつ一体的に推進するための基本的な計画である.

(国家公務員総合職試験[大卒程度試験])

【解答】[ア]＝正（記述の通り，**土地区画整理事業**は，都市計画区域内の土地について，公共施設の整備改善および宅地の利用の増進を図るために行われる，土地の区画形質の変更および公共施設の新設等に関する事業です），[イ]＝正（記述の通り，**市街地再開発事業**は，市街地の土地の合理的かつ健全な高度利用と都市機能の更新とを図るために行われる，建築物および建築敷地の整備並びに公共施設の整備に関する事業等をいいます），[ウ]＝誤（**景観法**は，わが国の都市，農山漁村等における良好な景観の形成を促進するために制定されました），[エ]＝誤（**市町村が作成する基本計画**について，内閣総理大臣による認定制度が創設されました．活性化基本計画の認定制度は，意欲的に取り組む市町村を「選択と集中」により重点的に支援するものであり，認定を受けた基本計画に基づき行われる事業に対しては，国による様々な支援を受けることができます）

【問題 11.42（都市行政）[やや難]】都市行政に関する記述[ア]～[エ]の正誤を答えなさい.

[ア] 総合設計制度は，一定規模以上の敷地であって，敷地内に歩行者が日常自由に通行できる空地を設けるなどにより，市街地の環境の整備改善に資すると認められる場合に，容積率制限や形態の制限を緩和するものである.

[イ] 都市再生特別地区は，都市再生特別措置法に基づく都市再生緊急整備地域において定めることができる都市計画であり，既存の用途地域等に基づく規制を適用除外とした上で，自由度の高い計画を定めることができる.

[ウ] 建築協定は，建築物の用途形態等に関する土地所有者等の自主的協定であることから，特定行政庁の認可を受けずに締結することができる.

[エ] 日影規制は，日照を確保するため，条例により，建築物が隣地に落とす日影の時間を制限するものであり，全ての用途地域が対象となる.

(国家公務員総合職試験[大卒程度試験])

【解答】[ア]＝正（記述の通り，**総合設計制度**は，一定規模以上の敷地であって，敷地内に歩行者が日常自由に通行できる空地を設けるなどにより，市街地の環境の整備改善に資すると認められる場合に，容積率制限や形態の制限を緩和するものです），[イ]＝正（記述の通り，**都市再生特別地区**は，都市再生特別措置法に基づく都市再生緊急整備地域において定めることができる都市計画であり，既存の用途地域等に基づく規制を適用除外とした上で，自由度の高い計画を定めることができます），[ウ]＝誤（**建築協定**を締結するためには，原則として，区域内の土地所有者，借地権者の全員合意（借地については，借地人のみの合意）に基づき，特定行政庁の認可を受けることが必要です），[エ]＝誤（**日影規制**は，日照を確保するため，条例により，建築物が隣地に落とす日影の時間を制限するものですが，商業地域・工業地域・工業専用地域では日影規制の対象外となっています）

●**都市再生特別措置法**

[第 36 条（**都市再生特別地区**）]

都市再生緊急整備地域のうち，都市の再生に貢献し，土地の合理的かつ健全な高度利用を図る特別の用途，容積，高さ，配列等の建築物の建築を誘導する必要があると認められる区域については，都市計画に都市再生特別地区を定めることができる.

●**建築協定**

建築協定制度は，住宅地としての環境や商店街としての利便を高度に維持増進することなどを目的として，土地所有者等同士が建築物の基準（建築基準法による最低基準を超えた高度な基準）に関する一種の契約を締結するときに，公的主体（特定行政庁）がこれを認可することにより，契約に通常の契約には発生しない第三者効を付与して，その安定性・永続性

を保証し，住民発意による良好な環境のまちづくりを促進しようとする制度です．ちなみに，第三者効とは，契約当事者以外の第三者が当該契約の目的となっている土地等を取得したときに，当該第三者をも拘束する効力のことです．

【問題 11.43（都市行政）[やや難]】わが国における住宅・都市行政の歴史に関する記述[ア]〜[エ]の正誤を答えなさい．

[ア] 1919 年（大正 8 年）に制定された都市計画法では，急速な経済発展の中で市街地の拡大や産業の発展に対応した都市整備が求められる中，都市計画区域，地域地区制，土地区画整理事業などの制度が導入されたが，当初の適用区域は東京市のみであった．

[イ] 1923 年（大正 12 年）の関東大震災後の復興のため，翌年の 5 月に設立された財団法人同潤会は，震災復興のみならず，鉄筋コンクリート造集合住宅の建設，設計の標準化住宅共同施設の計画等において新しい取り組みを行った．

[ウ] 1920 年代に C.A. ペリーが提唱した近隣住区論は，住宅地において，居住者の日常生活上の社会的な欲求と物的な欲求を充足させるため，小学校の校区を住区の単位として空地や公共施設等を計画するものであり，千里ニュータウン，多摩ニュータウンなどがこの計画理念をモデルとして建設された．

[エ] 戦後の住宅不足の著しい地域において住宅に困窮する勤労者のための住宅の供給等を行うことを目的に 1945 年（昭和 20 年）に設立された戦災復興院は，食事と睡眠の場を別にする食寝分離の間取りを DK 型住宅として確立し，多くの共同住宅の建設供給を行った．

（国家公務員総合職試験[大卒程度試験]）

【解答】[ア]＝誤（1919 年（大正 8 年）に制定された都市計画法にもとづき，東京・横浜・名古屋・京都・大阪・神戸の 6 大都市をはじめとする主要都市で都市計画が始められました），[イ]＝正（記述の通り，1924 年の 5 月に設立された財団法人**同潤会**は，震災復興のみならず，鉄筋コンクリート造集合住宅の建設，設計の標準化住宅共同施設の計画等において新しい取り組みを行いました），[ウ]＝正（**近隣住区論**が採用された代表的な郊外住宅地として，アメリカ・ニュージャージー州のラドバーンをあげることができます．ラドバーンでは，徹底的な歩車分離を図るため，住区を幹線道路で囲んだスーパーブロックとし，住区内の道路は自動車の通り抜けを排除するためにクルドサック（袋小路）とされています．このような歩車分離の仕組みは**ラドバーンシステム**と呼ばれています．**千里ニュータウン**でも，近隣住区論・ラドバーンシステムの考え方が取り入れられています．また，**多摩ニュータウン**の開発初期では，近隣住区理論に忠実なプランニングを行っています），[エ]＝誤（戦後復興期には，

大量の住宅が短期間に供給されることが優先されたため，住空間を狭くするしかありません
でした．**食寝分離**は，1942（昭和17）年に建築学者の西山夘三が提唱したものであり，第
二次大戦後，日本住宅公団（現 都市再生機構）がこの考え方をとり入れて「n＋DK」型の
間取りに発展させました）

第 12 章

建築史

【問題 12.1（建築様式）】 わが国の歴史的な建築物とその建築様式を示した[ア]～[エ]の正誤を答えなさい.

[ア] 出雲大社本殿（島根県）　　　　―　　　　大社造
[イ] 宇佐神宮本殿（大分県）　　　　―　　　　八幡造
[ウ] 賀茂別雷神社本殿（京都府）　　―　　　　春日造
[エ] 円覚寺舎利殿（神奈川県）　　　―　　　　大仏様

（国家公務員一般職種試験）

【解答】 [ア]＝正（**出雲大社に代表される大社造**は，ほぼ正方形の古典的な日本家屋に近い「田の字」形であることから，祭祀の場に使われていた宮殿が社殿に発展したと考えられています），[イ]＝正（宇佐神宮に代表される**八幡造**は，2棟の建物を前後に連結させてひとつの社殿になったものです．日光東照宮などの権現造も，八幡造の派生といえます），[ウ]＝誤（賀茂別雷神社本殿は"かもわけいかづちじんじゃほんでん"と読み，賀茂別雷神社の通称が上賀茂神社です．賀茂別雷神社本殿に代表される**流 造**は，伊勢神宮に代表される神明造から発展し，屋根が反り，屋根が前に曲線形に長く伸びて向拝となったもので，全国で最も多い神社本殿形式です．ちなみに，「**春日大社に代表される春日造**」という知識があるだけでも"誤"であることがわかると思います），[エ]＝誤（**円覚寺舎利殿は禅宗様**です）

【問題 12.2（建築様式）】 わが国の歴史的な建築物とその建築様式を示した[ア]～[エ]の正誤を答えなさい.

[ア] 賀茂別雷神社本殿（京都府）―　権現造
[イ] 伊勢神宮内宮正殿（三重県）―　神明造
[ウ] 出雲大社本殿（島根県）　―　春日造
[エ] 宇佐神宮本殿（大分県）　―　八幡造

（国家公務員一般職種試験）

【解答】[ア]＝誤（賀茂別雷神社本殿は，桁行（横に並んだ柱の間）が三間の**三間社流造**です．権現造の代表例には，日光東照宮や北野天満宮などがあります），[イ]＝正（伊勢神宮（伊勢神宮内宮正殿）に代表される**神明造**は，奥行きより幅が大きい長方形で，高床式倉庫から発展し穀物の代わりに神宝を納めるように変化したものと考えられています），[ウ]＝誤（**出雲大社**に代表される**大社造**は，ほぼ正方形の古典的な日本家屋に近い「田の字」形であることから，祭祀の場に使われていた宮殿が社殿に発展したと考えられています．一方，**春日大社**に代表される**春日造**は，屋根が曲線を描いて反り，正面に片流れの庇（向拝）がつけられた様式です），[エ]＝正（**八幡造**は，2 棟の建物を前後に連結させてひとつの社殿としたもので，代表的な例として**宇佐神宮本殿**（大分県）があります）

【問題 12.3（歴史的な建築物）[やや難]】わが国の歴史的な建築物に関する記述 [ア]～[エ] について正誤を答えなさい.

[ア] 桂離宮は，寝殿の東西に対が設けられ，対から南にのびる中門廊に中門が開かれている寝殿造の建築である.

[イ] 鹿苑寺金閣は，3 層からなる楼閣建築であり，上から禅宗様仏堂風，和様仏堂風，寝殿造住宅風と異なる様式が用いられている.

[ウ] 東大寺南大門は，開口部に花頭窓が用いられている禅宗様の建築である.

[エ] 伊勢神宮正殿は，切妻造平入の神明造の建築であり，20 年ごとに式年遷宮が行われている.

（国家公務員総合職試験[大卒程度試験]）

【解答】[ア]＝誤（**書院造**は，接客や儀礼用の書院が住宅の中心にあって，主室に床，棚，付書院などが配されているのが特徴です．桂離宮の中心をなす古書院・中書院・新御殿の書院造は，木割が細く，床は高く，一切の無駄を廃し，すべて合理性に立脚して設計されています），[イ]＝正（記述の通り，**鹿苑寺金閣**は，3 層からなる楼閣建築であり，上から禅宗様仏堂風，和様仏堂風，寝殿造住宅風と異なる様式が用いられています），[ウ]＝誤（**東大寺南大門は大仏様**です），[エ]＝正（記述の通り，**伊勢神宮正殿**は，切妻造平入の**神明造**の建築であり，20 年ごとに式年遷宮が行われています）

【問題 12.4（建築様式）】 わが国の建築物とその建築様式に関する記述[ア]～[エ] の正誤を答えなさい.

[ア] 春日大社本殿は，切妻造の妻面に 庇(ひさし) を設けて正面とした春日造である.

[イ] 現存する法隆寺の伽藍配置は，塔，金堂，講堂を中心線上に並べた左右対称形である.

[ウ] 赤坂離宮（現在の迎賓館）は，片山東熊の作品であり，ネオ・バロック様式の建築物である.

[エ] 二条城二の丸御殿は，金碧(きんぺき)の障壁画のある大広間を中心とする寝殿造である.

（国家公務員一般職種試験）

【解答】 [ア]＝正（記述の通り，**春日大社本殿は切妻造の妻面に庇を設けて正面とした春日造**です），[イ]＝誤（現存する**法隆寺の伽藍配置**は，金堂・五重塔を中心とする西院伽藍（五重塔と金堂とを左右に並べた**左右非対称の伽藍配置**）と，夢殿を中心とした東院伽藍に分けられます），[ウ]＝正（記述の通り，**赤坂離宮**（現在の**迎賓館**）は，**片山東熊(かたやまとうくま)**の作品であり，ネオ・バロック様式の建築物です），[エ]＝誤（**二条城二の丸御殿は，江戸時代の武家風書院造**の代表的なものです）

【問題 12.5（西洋の歴史的な建築物）】 西洋の歴史的な建築物等に関する記述[ア]～[エ] の正誤を答えなさい.

[ア] ロマネスク建築の代表的な聖堂であるシュパイヤー大聖堂は，身廊の交差ヴォールト，壁面を装飾したロンバルド帯，西構え，多塔式を特徴としている.

[イ] ビザンチン建築の代表的な聖堂であるサン・ピエトロ大聖堂は，巨大なドームや列柱廊(けんらん)，絢爛豪華な装飾が施された天蓋が用いられており，視覚的な効果が追求されている.

[ウ] バロック建築の代表的な聖堂であるミラノ大聖堂は，アーチ形をした天井やステンドグラスが特徴的な建築物である.

[エ] アール・ヌーヴォーは，ヨーロッパで起こった装飾芸術の様式であり，しなやかな非対称形の曲線や曲面による装飾を特徴とし，その代表例としてタッセル邸の階段室がある.

（国家公務員一般職種試験）

【解答】 [ア]＝正（記述の通り，**シュパイヤー大聖堂はロマネスク建築の代表的な聖堂**であ

り，身廊の交差ヴォールト，壁面を装飾したロンバルド帯，西構え，多塔式を特徴としています），[イ]＝誤（**サン・ピエトロ大聖堂は，後期ルネサンス建築様式と初期バロック建築様式です**），[ウ]＝誤（**ミラノ大聖堂はゴシック建築です**），[エ]＝正（「新しい芸術」を意味する**アール・ヌーヴォー**は，19 世紀末から 20 世紀初頭にかけてヨーロッパで流行した芸術様式であり，植物や昆虫などを鉄やガラスといった当時の新素材を用いて**曲線的な表現をした**のが特徴です）

【**問題 12.6（歴史的な建築物）**】歴史的な建築物[ア]〜[エ]とその建築物の説明 A〜D の組合せとして最も妥当なものを解答群から選びなさい．

[ア] ハギア・ソフィア（アヤ・ソフィア）
[イ] パリのノートル・ダム大聖堂
[ウ] サン・ピエトロ大聖堂
[エ] パルテノン神殿

A　ゴシック建築の代表的な建築物であり，ポインテッドアーチ（尖頭アーチ）やバラ窓，双塔が用いられている．
B　ビザンティン建築の代表的な建築物であり，ペンデンティヴ・ドームが用いられている．
C　ギリシア建築の代表的な建築物であり，ドリス式オーダーとイオニア式オーダーが融合されている．
D　バロック建築の代表的な建築物であり，巨大なドームや列柱廊が用いられており，視覚的な効果が追求されている．

	[ア]	[イ]	[ウ]	[エ]
1.	A	B	C	D
2.	B	A	D	C
3.	C	D	A	B
4.	D	A	B	C
5.	D	C	B	A

（国家公務員一般職種試験）

【**解答**】ハギア・ソフィア（アヤ・ソフィア）はビザンティン建築，パリのノートル・ダム大聖堂はゴシック建築，サン・ピエトロ大聖堂はバロック建築，パルテノン神殿は古代ギリシア建築ですので，答えは **2** であることがわかります．

【問題 12.7（ヨーロッパの歴史的建造物）［やや難］】 ヨーロッパの歴史的建造物とその建築様式に関する記述［ア］〜［エ］について正誤を答えなさい．

［ア］ サン・マルコ大聖堂は，ギリシア十字形平面の各腕と交差部の上に合計 5 つのドームが架けられた大聖堂であり，ビザンティン建築である．

［イ］ パリのノートルダム大聖堂は，身廊には四分交差リブ・ヴォールトが架かり，側廊上にトリビューンが設けられた大聖堂であり，ロマネスク建築である．

［ウ］ アルハンブラ宮殿は，パティオと呼ばれる中庭や，アラベスク模様の浮き彫りが施された壁面のある宮殿であり，バロック建築である．

［エ］ D・ブラマンテが設計したテンピエットは，古代ローマ神殿を範とした，第一層の周囲に柱廊が張り巡らされた二層からなる円形堂であり，ルネサンス建築である．

（国家公務員総合職試験［大卒程度試験］）

【解答】 ［ア］＝正（記述の通りで，**サン・マルコ大聖堂はビザンティン建築**です），［イ］＝誤（様式の特徴として，「**リブ・ヴォールトの採用」はゴシック建築**です），［ウ］＝誤（**アルハンブラは構造的には一つの城塞都市ですが，異なる時代に建てられた様々な建築物の複合体**であり，時代により建築様式や形状などが異なっています．ちなみに，**バロックの語源**はポルトガル語の Barocco（歪んだ真珠）といわれ，もともとは一部に見られるグロテスクなまでに装飾過剰で大げさな建築に対する蔑称でした），［エ］＝正（記述の通りで，D・ブラマンテが設計した**テンピエットは盛期ルネサンス最初の建築物**として重要です）

【問題 12.8（歴史的な建築物）】 歴史的な建築物に関する記述［ア］〜［エ］の正誤を答えなさい．

［ア］ 国立屋内総合競技場（東京）は，丹下健三が設計した，斬新な形態の吊り屋根構造を特徴とする建築物である．

［イ］ アミアン大聖堂は，天井に六分交差リブ・ヴォールトが用いられた，バロック建築の代表的な建築物である．

［ウ］ コロセッウムは，外壁の 3 層のアーケードに，ドリス式，イオニア式およびコリント式のオーダーを用いた古代ローマの円形闘技場である．

［エ］ サヴォア邸は，W.グロピウスが設計した，ピロティ，屋上庭園，水平連続窓などを特徴とする建築物である．

（国家公務員一般職種試験）

【解答】[ア]=正（記述の通り，**国立屋内総合競技場**（東京）は，丹下健三が設計した，斬新な形態の吊り屋根構造を特徴とする建築物です），[イ]=誤（**アミアン大聖堂はバロック建築ではなく，天井に六分交差リブ・ヴォールトが用いられたゴシック建築です**），[ウ]=正（記述の通り，**コロセッウム**は，外壁の 3 層のアーケードに，ドリス式，イオニア式およびコリント式のオーダーを用いた古代ローマの円形闘技場です），[エ]=誤（**サヴォア邸**では，ピロティ，屋上庭園，自由な平面，独立骨組みによる水平連続窓，自由な立面からなる，近代建築の 5 原則のすべてが高い完成度で実現されています．ただし，設計は，**ル・コルビュジエ**です）

【問題 12.9（西洋建築史）】 西洋建築史に関する記述[ア]〜[エ]の正誤を答えなさい．

[ア] ランス大聖堂
　　飛梁を巧みに使用することにより，ステンドグラスの高窓の面積を大幅に拡大したバロック様式の建築
[イ] サン・ピエトロ大聖堂大列柱廊
　　サン・ピエトロ大聖堂前面に設けられた短軸を主軸とする楕円形広場を，列柱で囲んだロマネスク様式の建築
[ウ] サヴォア邸
　　柱・梁構造による単純な箱を基本としたもので，ル・コルビュジエによって設計され，インターナショナル・スタイルの住宅の手本とされた建築
[エ] パンテオン
　　ドームのかかった円堂と，古典的な破風を持つ列柱廊による玄関部からなる，古代ローマ時代の建築

（国家公務員総合職試験[大卒程度試験]）

【解答】[ア]=誤（**ランス大聖堂はゴシック様式**です），[イ]=誤（**サン・ピエトロ大聖堂は「ルネッサンス建築」，「バロック建築」**として出題されることがありますが，どちらも正しい），[ウ]=正（記述の通り，**サヴォア邸**は柱・梁構造による単純な箱を基本としたもので，**ル・コルビュジエ**によって設計され，インターナショナル・スタイルの住宅の手本とされた建築です），[エ]=正（記述の通り，**パンテオン**はドームのかかった円堂と，古典的な破風を持つ列柱廊による玄関部からなる，古代ローマ時代の建築です．なお，破風とは屋根の妻側の造形のことをいいます）

【問題 12.10（西洋建築史）】西洋建築史に関する記述[ア]〜[エ]の正誤を答えなさい.

[ア] 紀元前 8 世紀頃より古代ギリシャにおいてポリスと呼ばれる都市国家が形成され始めたが, これらの都市国家ではコロッセウムとアゴラが都市の中核となっていった. 代表的なポリスとしては, アテネ（アテナイ）があげられる.

[イ] 12 世紀中頃よりパリを中心とするイール・ド・フランス地方から広まったゴシック建築は, 尖頭アーチ, リブ・ヴォールトおよびフライング・バットレスを特徴とする. 代表的なゴシック建築としては, パリのノートルダム大聖堂（パリ大聖堂）があげられる.

[ウ] 15 世紀初頭よりフィレンツェから広まったルネサンス建築は, 古典建築を理想とし, 建築各部の比例的調和や平面・立面の左右対称を重視した. 代表的なルネサンス建築としては, ピサ大聖堂があげられる.

[エ] 19 世紀末より 20 世紀初頭にかけてヨーロッパで流行したアール・ヌーヴォーは, しなやかな非対称形の曲線や曲面による装飾を特徴とする. 代表的なアール・ヌーヴォー作品としては, エクトル・ギマールによるパリの地下鉄駅入口があげられる.

（国家公務員総合職試験[大卒程度試験]）

【解答】[ア]＝誤（都市国家ポリスでは, 高い丘の上の都市である「**アクロポリス**」を中心に共同体が形成されました. ポリスの中心であるアクロポリスの麓には, 「**アゴラ**」と呼ばれる広場が造られました. アゴラは市民生活の中心の場で, 公共の建築物や集会所, 市場が設けられました. なお, コロッセウムは, ローマ帝政期に造られた円形闘技場です）, [イ]＝正（記述の通りです. **ゴシック建築**の特徴として, 「尖頭アーチの使用」, 「リブ・ヴォールトの採用」, 「フライング・バットレス（飛控え）の使用」の 3 点があげられます. また, アーチ形をした天井やステンドグラスなども特徴的です. 代表的な建築物としては, ノートルダム大聖堂・アミアン大聖堂・ランス大聖堂・ミラノ大聖堂などがあります）, [ウ]＝誤（ピサ大聖堂は**ロマネスク様式**の建築物です）, [エ]＝正（記述の通りです.「新しい芸術」を意味する**アール・ヌーヴォー**は, 19 世紀末から 20 世紀初頭にかけてヨーロッパで流行した芸術様式であり, 植物や昆虫などを鉄やガラスといった当時の新素材を用いて曲線的な表現をしたのが特徴です. 代表的なアール・ヌーヴォー作品としては, エクトル・ギマールによるパリの地下鉄駅入口があります）

【問題 12.11（近代建築物）】日本の近代建築物に関する記述[ア]〜[エ]の正誤の組合せとして最も妥当なものを解答群から選びなさい.

[ア] 同潤会青山アパート

　　鉄骨造で建てられ，各住戸に浴室および洗濯場が設けられるなど，近代的な生活のための様々な試みがなされた.

[イ] 東京中央郵便局

　　鉄筋コンクリート造の柱と梁により，日本建築の真壁構造を表現することを試みた.

[ウ] 日本銀行

　　欧米の著名銀行建築を視察・調査した上で，国家的権威にふさわしい様式として，バロック様式を基調とした古典様式でまとめた.

[エ] 東宮御所（現・迎賓館）

　　フランスのヴェルサイユ宮殿をモデルとしたネオ・バロック様式の宮廷建築である.

	[ア]	[イ]	[ウ]	[エ]
1.	正	正	正	正
2.	正	正	正	誤
3.	正	正	誤	正
4.	正	誤	正	正
5.	誤	正	正	正

（国家公務員総合職試験[大卒程度試験]）

【解答】**同潤会**は，関東大震災後の罹災者住宅対策として設立された官主導の住宅供給組織であり，鉄筋コンクリート造のアパートを中心に各種の住宅を建設しましたが，この同潤会のことさえ知っていれば，[ア]は誤であるとわかると思います. よって，正解は 5 になります. なお，罹災者は災害に遭った人のことで，「被災者」ともいいます.

　なお，**ネオ・バロック様式**（ネオはギリシャ語で"新しい"の意味）は，フランスでナポレオン 3 世によるパリ改造計画（1953−70）を契機に興ったバロック様式の復興様式のことをいいます.

参考文献

[1] 米田昌弘：建築職公務員試験　専門問題と解答　[構造・材料ほか編]　第 3 版，大学教育出版，2021 年.

[2] 米田昌弘：建築職公務員試験　専門問題と解答　[計画・環境ほか編]　第 5 版，大学教育出版，2022 年.

[3] 米田昌弘：土木職公務員試験　専門問題と解答　[必修科目編]　第 6 版，大学教育出版，2022 年.

[4] 米田昌弘：土木職公務員試験　専門問題と解答　[選択科目編]　第 4 版，大学教育出版，2021 年.

[5] 米田昌弘：土木職公務員試験　専門問題と解答　実践問題集　[必修・選択科目編] 第 3 版，大学教育出版，2017 年.

[6] 米田昌弘：公務員試験にでる！構造力学，森北出版，2005 年.

[7] 山田　均，米田昌弘：応用振動学（改訂版），コロナ社，2013 年.

[8] 米田昌弘：構造力学を学ぶ〜基礎編〜，森北出版，2003 年.

[9] 米田昌弘：構造力学を学ぶ〜応用編〜，森北出版，2003 年.

[10] 建築資格試験研究会 編著：2011 年版　スタンダード二級建築士，学芸出版社，2011 年.

[11] 建築資格試験研究会 編著：2011 年版　スタンダード一級建築士，学芸出版社，2011 年.

[12] 全日本建築士会 編：二級建築士合格セミナー，オーム社，2010 年.

[13] 日建学院教材研究会 編著：2011 平成 23 年度版　1 級建築士，2010 年.

[14] 日建学院教材研究会 編著：2010 平成 22 年度版　1 級建築士 分野別厳選問題 500+125，2009 年.

[15] 日建学院教材研究会 編著：2011 平成 23 年度版　2 級建築士 分野別厳選問題 500+100，2010 年.

[16] 日建学院教材研究会 編著：2011 平成 23 年度版　2 級建築士 過去問題集 チャレンジ 7，2010 年.

■著者紹介

米田　昌弘　（よねだ・まさひろ）

1978 年 3 月　金沢大学工学部土木工学科卒業

1980 年 3 月　金沢大学大学院修士課程修了

1980 年 4 月　川田工業株式会社入社

1989 年 4 月　川田工業株式会社技術本部振動研究室室長

1995 年 4 月　川田工業株式会社技術本部研究室室長兼大阪分室長

1997 年 4 月　近畿大学理工学部土木工学科助教授

2002 年 4 月　近畿大学理工学部社会環境工学科教授

2021 年 3 月　近畿大学 定年退職

2021 年 4 月　近畿大学 名誉教授

　　　　　　　近畿大学キャリアセンター／キャリアアドバイザー（2023 年 3 月まで）

2022 年 9 月　摂南大学理工学部都市環境工学科 特任教授

　　　　　　　（工学博士(東京大学)，技術士(建設部門)，特別上級土木技術者(鋼・コンクリート)）

建築職公務員試験 専門問題と解答
実践問題集編　［第 4 版］

2017 年 5 月 10 日　初　版第 1 刷発行
2020 年 1 月 20 日　第 2 版第 1 刷発行
2021 年 7 月 15 日　第 3 版第 1 刷発行
2023 年 8 月 10 日　第 4 版第 1 刷発行

■著　　　者──── 米田昌弘
■発 行 者──── 佐藤　守
■発 行 所──── 株式会社 大学教育出版
　　　　　　　〒 700-0953　岡山市南区西市 855-4
　　　　　　　電話 (086) 244-1268　FAX (086) 246-0294
■印刷製本──── モリモト印刷㈱

ISBN978 − 4 − 86692 − 257 − 7